Direito (e Processo) Administrativo

CADERNO DE ELEMENTOS PRÁTICOS

Direito (e Processo) Administrativo

CADERNO DE ELEMENTOS PRÁTICOS

2023 · 2ª Edição

Isabel Celeste M. Fonseca
João Vilas Boas Pinto

ALMEDINA

DIREITO (E PROCESSO) ADMINISTRATIVO
Caderno de Elementos Práticos
AUTORES
Isabel Celeste M. Fonseca
João Vilas Boas Pinto
1ª Edição, Novembro, 2021
EDITOR
EDIÇÕES ALMEDINA, S.A.
Avenida Emídio Navarro, 81, 3D
3000-151 Coimbra
Tel.: 239 851 904 · Fax: 239 851 901
www.almedina.net · editora@almedina.net
DESIGN DE CAPA
EDIÇÕES ALMEDINA, S.A.
PRÉ-IMPRESSÃO
EDIÇÕES ALMEDINA, S.A.
IMPRESSÃO E ACABAMENTO

Fevereiro, 2023

ISBN
978-989-40-1112-5

DEPÓSITO LEGAL
????????/23

ALMEDINA | GRUPOALMEDINA

NOTA PRÉVIA

Com a segunda edição do presente Caderno de Elementos Práticos de Direito (e Processo) Administrativo continuamos a assumir o mesmo propósito da anterior: responder a uma necessidade especialmente sentida pelos estudantes dos Cursos de Direito Administrativo e Direito Processual Administrativo.

Aqui se coligem diversos elementos que têm vindo a ser objeto de trabalho e de avaliação nos últimos anos nas disciplinas de Direito Administrativo e Direito Processual Administrativo, na Escola de Direito da Universidade do Minho, tanto no 2º ano como no 3º ano do Curso de Licenciatura em Direito.

De manifesta utilidade para as Aulas Teórico-Práticas, visa simplificar o estudo dos temas que integram os programas das Unidades Curriculares, aproximando os estudantes da prática jurídica e preparando-os para a respetiva avaliação, integrando tanto questões teóricas como teórico-práticas.

De resto, porque muitos dos casos apresentados são formulados a partir da jurisprudência dos tribunais administrativos, o texto pode ser igualmente útil a todos aqueles que trabalham neste domínio jurídico.

ISABEL CELESTE M. FONSECA
JOÃO VILAS BOAS PINTO

Braga, janeiro de 2023

Parte I

Direito Administrativo I

– 1º semestre –

Direito Administrativo I

Organização Administrativa

1º Semestre

Programa sucinto da disciplina

1. Introdução ao Direito Administrativo: a. noções gerais (Interesse Público; Administração Pública; Função Administrativa; Direito Administrativo); **b.** enquadramento histórico e comparatístico e evolução.

2. Teoria Geral da Organização Administrativa: a. elementos subjetivos (as pessoas coletivas públicas; os órgãos administrativos e os serviços públicos; em especial, os órgãos colegiais); **b.** elementos funcionais (as atribuições e a competência; em especial, a delegação de competências); **c.** elementos relacionais (a hierarquia; a superintendência e a tutela).

3. Setores da Administração Pública Portuguesa: a. modelo constitucional; **b.** administração estadual (direta e indireta); **c.** administração autónoma; **d.** administração independente.

4. O Terceiro Setor: as entidades particulares que colaboram na função administrativa.

Bibliografia Obrigatória:

Isabel Celeste Fonseca, *Curso de Direito Administrativo. Teoria Geral da Organização Administrativa,* Coimbra: gestlegal, 2020, com a colaboração de João Vilas Boas Pinto.

Bibliografia Principal:

Diogo Freitas do Amaral, *Curso de Direito Administrativo,* Vol. I, 4ª edição, Coimbra: Almedina, 2015.

João Caupers/Vera Eiró, *Introdução ao Direito Administrativo,* 12ª ed., Lisboa: Âncora, 2016.

José Carlos Vieira de Andrade, *Lições de Direito Administrativo,* 5ª edição, Coimbra: Imprensa da Universidade de Coimbra, 2017.

José Manuel Sérvulo Correia/Francisco Paes Marques, *Noções de Direito Administrativo,* Vol. I, 2ª ed., Coimbra: Almedina, 2021.

Luís Filipe Colaço Antunes, *A Ciência Jurídica Administrativa,* Coimbra: Almedina, 2016, com a colaboração de Juliana Ferraz Coutinho.

Marcelo Rebelo de Sousa/André Salgado de Matos, *Direito Administrativo Geral,* Tomo I (Introdução e Princípios Fundamentais), 3ª edição, Lisboa: Dom Quixote, 2008.

Maria João Estorninho, *A Fuga para o Direito Privado,* 2ª reimpressão, Coimbra: Almedina, 2009.

Mário Aroso de Almeida, *Teoria Geral do Direito Administrativo,* 7ª Ed., Coimbra: Almedina, 2021.

Paulo Otero, *Manual de Direito Administrativo,* Vol. I, Coimbra: Almedina, 2013.

Pedro Costa Gonçalves, *Manual de Direito Administrativo,* Vol. I, Coimbra: Almedina, 2019.

Bibliografia Complementar e Jurisprudência – vd. as indicações em cada aula do Curso.

TEXTOS PARA COMENTAR E/OU TEMAS PARA DESENVOLVER

Nº 1

«Subtraída aos tribunais, a administração via-se desde logo igualmente subtraída ao Code Civil. E foi assim que, nesta linha de considerações, o próprio Conseil d'État forjou as regras aplicáveis à administração e que se afirmou a existência de um direito autónomo. O Conseil d'État segregou o direito administrativo como uma glândula segrega a sua hormona: a jurisdição precedeu o direito e sem aquela este não teria visto a luz do dia».

Nº 2

«Visto a partir do presente, o edifício jurídico-público do Estado liberal evidencia múltiplas contradições internas. Assim, em nome do princípio da separação de poderes, os revolucionários franceses vieram considerar que julgar a administração é ainda administrar, tendo isto como consequência prática a subtração da administração ao controlo dos tribunais».

Nº 3

«Ao cabo e ao resto, o quid especificum do acto jurisdicional reside em que ele não apenas pressupõe, mas é necessariamente praticado para resolver uma «questão de direito». Se, ao tomar-se uma decisão (...), se actua, (ainda que) por força de lei, para se conseguir a produção de um resultado prático diferente da paz jurídica decorrente da resolução dessa «questão de direito», então não estamos perante um acto jurisdicional; estaremos, sim, perante um acto administrativo».

Nº 4

«O Estado, num contexto em que o bem estar comum se identifica com a eficiência económica, a solidariedade social e a sustentabilidade ambiental, tende, hoje, a desenvolver atividades de infraestruturação e tarefas de incentivo e de orientação das atividades privadas de interesse geral, bem como a garantia dos direitos dos utentes e consumidores (...). Por tudo isto se designa hoje o Estado como "Estado regulador" ou, mais genericamente, como "Estado-garantidor", que (...) passa agora da prestação direta ("faire") para a orientação, promoção e garantia ("faire-faire")».

Nº 5

«Depois da família, que o Estado não criou, mas encontrou estabelecida, temos uma associação tão natural como ela, e que a lei não poderia suprimir sem violentar a natureza das coisas, é a freguesia ou a paróquia (...)».

Nº 6

«É um facto também que, em sintonia com a transformação pela qual tem passado o aparelho administrativo do Estado-Administração, também a governação local tem vindo a sofrer inúmeras transformações nos últimos anos».

Nº 7

«Revelando uma tensão intrínseca no seio da organização do poder político, o artigo 6º da CRP proclama simultaneamente a unidade do Estado e os princípios da autonomia regional e da descentralização. Ao determinar o estabelecimento, por lei, de formas adequadas de descentralização e desconcentração administrativas, sem prejuízo da unidade da ação da administração, o art. 267º, nº 2 CRP mais não faz do que reproduzir este conflito ao nível da organização administrativa. O princípio da unidade da ação administrativa visa, assim, corrigir ou atenuar as desvantagens daqueles, funcionando como 'contra-princípio'».

Nº 8

«A Administração Pública não se limita ao Estado. Por isso, nem toda a atividade administrativa é uma atividade estadual: a administração pública não é uma atividade exclusiva do Estado».

Nº 9

«Pena é que neste quadro de acentuada descentralização administrativa, não tenha existido o adequado estudo prévio dos assuntos; que, neste contexto de transferência de competências do Governo para os órgãos locais, se combinem temas difíceis e inconciliáveis, como seja o de descentralização, municipalização e regionalização; que se compreenda o processo de delegação de competências numa dimensão estritamente política, como alienação de assuntos

desgastantes, desresponsabilização e assunção de tarefas, encargos e custos, e não como reforço da autonomia da vontade e decisão das comunidades locais».

Nº 10

«Os princípios que inspiram o sistema de administração britânico e o sistema de administração europeu continental são distintos, tanto no que concerne às soluções que vigoram num e noutro como à técnica jurídica utilizada. No entanto, tem havido uma aproximação significativa entre os dois sistemas».

Nº 11

«(...) parece-nos ser de concluir que o Estado manifestamente se divide entre a criação de entidades dotadas da independência necessária dos seus fins e, por outro lado, na necessidade, por outros meios, de reverter a independência dada».

Nº 12

«Na verdade, após este movimento generalizado de transformação de entidades públicas em entidades privadas ou de criação "ex novo" de outras por iniciativa e sob o controlo e dependência de entidades públicas, são desde logo inevitáveis as dúvidas quanto a saber se tais entidades fazem ou não parte da "Administração Pública"».

Nº 13

«Hoje o conceito de Smart City está sobretudo ligado a tecnologia e à inovação. A nova cidade inteligente, fazendo impactar nas suas estruturas e procedimentos o máximo potencial das high-tech, fazendo uso das tecnologias de informação e de comunicação (TIC), de software, algoritmos e ferramentas de inteligência artificial, leva-nos a antever aquilo que se chama a governança algorítmica ou governação digital. Pois bem, não existe a definição certa de cidade inteligente e nem existe uma única definição consensual sobre o que deve ser a cidade inteligente. Pelo contrário, a noção de smart city está intrinsecamente relacionada com distintas dimensões do direito a viver com qualidade de vida na cidade, e a sua concretização depende de múltiplos fatores, onde se inclui a tecnologia disponível, aspetos demográficos, geográficos e culturais

locais da cidade, e as políticas prioritariamente acolhidas pelo decisor político para a cidade, de entre as quais se deve destacar a de crescimento sustentável».

Nº 14

«Na Europa, o Mercado Único Digital foi concebido como prioridade absoluta e são diversas as estratégias adotadas para o implementar. A transição digital está integrada naturalmente no plano de recuperação e resiliência do país, apresentando-se como uma prioridade também para os Governos Locais. A questão é como conciliar os modelos de e.governance, open connectivity and free movement of data e promover a defesa de dados pessoais. Estamos certos de que, neste tema, esta é a verdadeira pergunta de um milhão de dólares».

QUESTÕES E DISTINÇÕES

Nº 1

Explique a importância da Administração Pública para a prossecução das necessidades coletivas.

Nº 2

Numa perspetiva de análise histórica, reflita sobre a evolução e o novo paradigma que se atribui ao Direito Administrativo.

Nº 3

Explique de que forma a figura da delegação de competências pode concretizar o disposto no Artigo 267º, nºs 1 e 2 da CRP.

Nº 4

Refira-se aos seguintes aspetos:

- **a.** Natureza jurídica da delegação de competências;
- **b.** Requisitos de validade e de eficácia da delegação de competências e do ato de delegação de competências propriamente dito;
- **c.** Poderes do delegante;
- **d.** Existência (ou não) de uma norma de habilitação geral no CPA.

Nº 5

Distinga o seguinte conjunto de conceitos:

1. Estado-administração/Governo;
2. Conflito de competências/Conflito de atribuições;
3. Competência/legitimação;
4. Incompatibilidade/impedimento;

Nº 6

Referindo-se ao conceito de impedimento, diga se, mesmo estando impedido de votar uma deliberação, um membro de um órgão colegial deve ser convocado. Em caso afirmativo, deve também estar presente nos momentos de discussão e deliberação?

Nº 7

Distinga o seguinte conjunto de conceitos:

1. desconcentração administrativa/descentralização administrativa;
2. concessão/delegação de poderes;
3. Administração direta/Administração indireta do Estado;

Nº 8

Distinga os seguintes conceitos:

1. Órgão simples/Órgão complexo;
2. Pessoa coletiva pública/organismo de direito público;
3. Órgão administrativo/serviço público;
4. Poder de superintendência/Poder de supervisão;
5. Câmara Municipal/Concelho;
6. Entidades intermunicipais/associações de municípios de fins específicos;
7. Associações Públicas de entidades públicas/associações públicas de carácter misto;

Nº 9

Distinga o seguinte conjunto de conceitos:

a. tutela/superintendência;

b. hierarquia/quase-hierarquia;
c. poder de direção/poder de supervisão;
d. tutela revogatória/tutela inspetiva;

Nº 10

Situe e classifique na organização administrativa portuguesa:
a. Governo;
b. Presidência do Conselho de Ministros;
c. Direção Regional de Finanças;
d. Autoridade Nacional das Comunicações (ANACOM);
e. Ordem dos Advogados;
f. Área Metropolitana do Porto;
g. Cooperativa António Sérgio para a Economia Social;
h. Centro Hospitalar Lisboa Norte, E.P.E.;
i. Rádio e Televisão de Portugal (RTP), S.A.;
j. AGERE – Empresa de Águas, Efluentes e Resíduos de Braga, E.M.;
k. Fundação para a Ciência e Tecnologia, I.P.;
l. Secretária de Estado da Justiça;
m. Assembleia Municipal de Braga;
n. Assembleia de Freguesia de Gualtar;
o. Comissão Nacional de Proteção de Dados (CNPD);
p. Santa Casa da Misericórdia de Lisboa;
q. Associação de Municípios de fins específicos;

Nº 11

Situe as Entidades Administrativas Independentes dentro da organização da nossa Administração Pública, tendo principalmente em conta os poderes administrativos do Governo, tal como estão definidos na Constituição da República Portuguesa.

Nº 12

Considere o *Decreto-Lei X/2019*, que cria a Autoridade Nacional do Mar e das Energias Renováveis, dotada de mera autonomia administrativa, inserida na Presidência do Conselho de Ministro e cujo diretor-geral é nomeado pelo Primeiro-Ministro.

Poderá a referida autoridade configurar uma autoridade administrativa independente?

Nº 13

Um eminente jurista português escreveu o seguinte, a propósito da autonomia local: *«Isto implica, como dado primeiro de toda a descentralização, a destrinça entre atribuições estaduais e as atribuições próprias da autarquia, isto é, uma distinção entre assuntos nacionais e assuntos regionais ou locais»*.

Diga qual o conceito de autonomia local aqui subjacente e aprecie.

Nº 14

Descreva a administração de natureza jurídica privada que, a par da Administração Pública, desenvolve uma atividade administrativa, colaborando na satisfação de necessidades coletivas.

Nº 15

Diga o que entende por *pessoas coletivas de utilidade pública* e distinga-as das entidades privadas com funções administrativas.

Nº 16

Refira-se às principais inovações introduzidas pela nova Lei-Quadro do Estatuto de Utilidade Pública (Lei nº 36/2021, de 14 de junho).

Casos Práticos
Função Administrativa e demais Funções Estaduais

Nº 1

Suponha que, por deliberação camarária, Bernardo e Alzira, respetivamente, proprietário e arrendatária de uma edificação onde funciona um restaurante, foram intimados a retirar a conduta de exaustão de fumos e cheiros ilicitamente instalada na caixa de elevadores, no espaço destinado a um monta-cargas previsto no projeto licenciado mas nunca instalado, e a substituírem-na por um sistema de exaustão eficiente fora dessa caixa.

Nada tendo sido feito para o cumprimento daquela decisão, a Câmara Municipal ordenou ao proprietário que retirasse a conduta de exaustão e decretou o despejo sumário da inquilina que explorava o restaurante. Ao tomar conhecimento da ordem de despejo, Alzira decide recorrer aos tribunais invocando que a ordem é nula por usurpação de poder.

Distinguindo a função administrativa das demais funções do Estado, aprecie a situação descrita e diga se assiste razão a Alzira.

Nº 2

Por deliberação da Câmara Municipal de Braga, foi revogado o Decreto-Lei nº X/2007, referente ao regime geral do ruído. Tendo tido conhecimento do sucedido, o Ministro da Administração Interna determinou de imediato a perda de mandato do Presidente da Câmara e nomeou Joaquim, seu assessor de confiança, como novo Presidente da Câmara.

Aprecie, à luz do princípio da separação de poderes, a validade das atuações descritas.

Nº 3

Suponha que o Município de Braga, em face das múltiplas questões que se têm levantado em relação à base jurídica para as restrições a direitos, liberdades e garantidas, necessárias para o combate da pandemia Covid-19, tomou a iniciativa de aprovar uma nova Lei de Emergência Sanitária, vinculando todos os poderes públicos ao seu conteúdo.

Descontente com a iniciativa, o Primeiro-Ministro proferiu um despacho, determinando, simultaneamente, a perda de mandato do Presidente da Câmara e a sua condenação por crime de abuso de poder.

Aprecie, à luz do princípio da separação de poderes, a validade das atuações descritas.

Nº 4

Configure a seguinte hipótese:

Suponha que António requereu à Câmara Municipal de Braga uma licença para explorar uma discoteca em pleno centro histórico da cidade, tendo a mesma sido concedida, embora com grande contestação por parte de um grupo de moradores de um prédio contíguo que invoca a violação das disposições do Decreto-Lei nº 278/2007, de 1 de agosto (Regulamento Geral do Ruído).

Sendo António velho amigo do Presidente da Câmara Municipal, aquele Decreto-Lei foi revogado por deliberação da Câmara Municipal, o que motivou de imediato a que o grupo de moradores recorresse aos tribunais administrativos alegando manifestas ilegalidades. Tendo conhecimento da situação pelos telejornais, o Ministro da Administração Interna profere um despacho com o seguinte teor: "Determino, de imediato, a condenação do Presidente da Câmara Municipal pelo crime de abuso de poder, nos termos do Código Penal".

Considerando o princípio da separação de poderes e expondo o conceito de função administrativa, aprecie as atuações descritas.

Casos Práticos

Teoria Geral da Organização Administrativa: em Especial, os Órgãos Colegiais

Nº 1

Aos vinte e nove dias do mês de setembro de dois mil e dezanove, pelas dez horas, reuniu ordinariamente, em Alfândega da Fé, o Conselho Distrital do Porto da Ordem dos Advogados. Da ordem do dia constava o seguinte assunto: *"Análise do Ofício da Delegação da Ordem dos Advogados de Braga reportado ao site www.balcaounicobraga.com"*.

Tendo em conta que, efetuadas buscas no sentido de se apurar quem é a responsável do site, apurou-se que o endereço e contactos de telefone e fax são do escritório da Senhora Dra. Kelly, e considerando que:

1. Do conteúdo do site consta: "O Balcão Único conta com a experiência e aconselhamento da Ordem dos Advogados, proporcionando assim parcerias com entidades públicas para lhe prestar um melhor serviço"; "Para mais informações: Ordem dos Advogados"; "Pode contar com a nossa experiência e um variado leque de parcerias públicas"; "Pode efetuar constituição, transformação, fusão e cisão de sociedades, com máximo rigor e máxima segurança".
2. A Ordem dos Advogados jamais deu, ou se predispôs a dar, qualquer aconselhamento no âmbito dos serviços do Balcão, e muito menos proporciona ou potencia qualquer parceria com entidades públicas no âmbito da atividade do referido Balcão.

3. O referido conteúdo, para além de configurar ato ilícito de publicidade ao abrigo do disposto no artigo 94º nº 4 do Estatuto da Ordem dos Advogados, viola o princípio da verdade da publicidade enunciado no artigo 6º e concretizado nos artigos 10º e 11º, todos do Código da Publicidade.

Foi deliberado o seguinte:

1. *Dar conhecimento do Ofício da Delegação da Ordem dos Advogados Braga e da presente deliberação ao Conselho de Deontologia para efeitos de instauração de procedimento disciplinar.*
2. *Ao abrigo do disposto no artigo 37º do Código da Publicidade, denunciar o facto à Direção Geral do Consumidor para efeitos de instauração de processo de contraordenação.*

Pronuncie-se a respeito da validade das deliberações tomadas tendo em conta que:

a. Não houve convocação de todos os membros do Conselho, mas no dia da reunião todos compareceram e nenhum se opôs à realização da reunião;
b. A Dra. Kelly manteve um relacionamento extraconjugal com o presidente do Conselho que não terminou nada bem, encontrando-se de relações cortadas.
c. Em primeira votação, as deliberações foram tomadas por maioria simples.

Nº 2

O Conselho Científico da Escola de Arquitetura da Universidade do Minho, órgão colegial composto por 9 membros, reuniu ordinariamente, em primeira convocação, esta semana e deliberou o seguinte: *"Proceder-se à contratação de um assistente convidado, por conveniência urgente do serviço".*

Pronuncie-se a respeito da validade desta deliberação tendo em conta que:

a. Todos os membros foram devidamente convocados e da convocatória constava, além da hora e local da reunião, a «ordem do dia»;
b. Na reunião estavam presentes quatro membros do órgão com direito a voto;
c. A deliberação em causa não constava da «ordem do dia»;
d. A deliberação não consta da ata elaborada.

Nº 3

O Conselho Científico da Escola Superior de Gestão do Instituto Politécnico de Venda Nova, composto por 9 membros, reuniu ordinariamente, em primeira convocação, no passado dia 15 de outubro, tendo deliberado *"contratar, por razões de urgência de serviço, um professor adjunto para lecionar na Licenciatura em Gestão e Recursos Humanos».*

Pronuncie-se sobre a validade da deliberação, tendo em conta o seguinte:

a. Nem todos os membros do Conselho foram convocados. No entanto, todos compareceram no dia da reunião e nenhum se opôs à realização da mesma;
b. A deliberação foi aprovada, em primeira votação, por maioria simples;
c. A deliberação em causa não constava da «ordem do dia», nem consta da ata elaborada;
d. O Professor Moisés, membro do Conselho, não concorda com a deliberação, e considera que o Professor Bernardino, presidente do Conselho, deveria impugná-la.

Nº 4

A Comissão de Fiscalização e Disciplina (CFD) da Associação de Universidades de Língua Portuguesa (AULP), que tem natureza privada, mas é de utilidade pública, reuniu ordinariamente, na passada semana, com dois objetivos:

1. Analisar a validade da eleição do Conselho de Administração da AULP;
2. Decidir sobre a sanção a aplicar a um membro da AULP, da Universidade do Minho, que não paga as devidas quotas e adota, através do seu reitor, comportamentos em representação da mesma que contrariam os valores da AULP.

Nesse sentido, relevando muita incerteza quanto à validade das deliberações tomadas, o Presidente da CFD vem questionar a validade das deliberações, uma vez que:

a. A convocatória pode verdadeiramente não ter chegado a todos os cinco membros;
b. A deliberação nº 2, no sentido de relevar a atuação da universidade associada, foi aprovada por maioria através de votação nominal, sendo certo que o presidente da CFD é Vice-Reitor da Associada Douae Talhimt;
c. Nunca houve consenso quanto ao teor da fundamentação do segundo assunto a incluir na ata;
d. Aliás, não há ata aprovada.

Pronuncie-se sobre todas as questões suscitadas, considerando que os estatutos da AULP preveem a aplicação das regras do CPA referentes aos órgãos colegiais.

Nº 5

O Conselho da Escola de Ciências Jurídicas da Universidade Clássica Portuense, órgão colegial ativo composto por cinco membros, reuniu inesperadamente na passada semana para deliberar sobre assuntos urgentes.

Imagine que um dos seus membros, seriamente preocupado com o teor de deliberações que foram aprovadas naquela reunião, solicita-lhe parecer sobre a eventual invalidade daquelas deliberações, tendo-o informado do seguinte:

a. "Não houve convocação nem convocatória e a ordem do dia incluía muitos assuntos. A reunião foi inesperada, mas todos compareceram à hora prevista".
b. "Os professores estavam todos muito exaltados e o professor Joaquim, presidente do órgão, teve de acalmar os ânimos!".
c. "Foi deliberada a adjudicação do fornecimento de 10 computadores à empresa da mulher do professor Joaquim. Eu queria abster-me, mas.... (...) Acho que ficou mal o professor Joaquim ser o primeiro a votar a favor".
d. "Foi votada a não renovação do contrato do colega Alfredino, que anda muito perturbado. Foi comentado pelos membros do Conselho que ele não é um bom pedagogo, para além de ser fanático político assumido. Todos votaram pela não renovação... eu vi! (...). Mas ele vai impugnar a deliberação, tenho a certeza, ainda por cima, não foi fundamentada".
e. "Também deliberámos sobre a contratação de dois novos assistentes, por conveniência urgente do serviço. Quatro votaram a favor. Mas isso nem sequer estava na ordem do dia!".
f. "Eu já assinei a minuta da ata, quem de dera voltar atrás... (...). Se fosse hoje, ter-me-ia abstido sempre (...) Oxalá o presidente possa impugnar as deliberações".

QUID IURIS?

Nº 6

O Conselho Científico da Escola de Direito da Universidade do Minho reuniu ordinariamente no passado dia 25 de janeiro de 2021, pelas 14h30, por meio telemático, tendo deliberado sobre os seguintes assuntos:

1. Proposta de júris de provas académicas;
2. Parecer sobre a colaboração da Escola de Direito na Licenciatura em Línguas Aplicadas do ILCH;
3. Regulamento de Avaliação de Desempenho do Pessoal Investigador da Escola de Direito;

Considere que:

i) a primeira deliberação foi aprovada, em primeira votação, por unanimidade;
ii) a segunda deliberação foi aprovada, em primeira votação, por maioria simples, tendo-se registado três abstenções;
iii) na terceira deliberação verificou-se um empate, tendo a presidente do órgão adiado a deliberação para a reunião seguinte;
iv) da ata não consta que a reunião foi realizada por via telemática.

Pronuncie-se sobre a validade e a eficácia das referidas deliberações.

Nº 7

A Câmara Municipal de Braga, constituída pelo seu Presidente e 10 vereadores, reuniu ordinariamente no passado dia 19 de novembro de 2020, pelas 14h30, no Salão Nobre dos Paços do Concelho, com a seguinte ordem de trabalhos: *«Discussão e Aprovação de Medidas de Apoio ao Comércio Local durante o período de Natal»*.

A reunião foi convocada pelo Presidente na própria manhã do dia 19 de novembro. Foram apenas convocados os vereadores que se encontravam no edifício da Câmara, tendo os restantes, contudo, sido avisados da mesma por SMS à hora do almoço, pelo que à hora prevista todos compareceram.

Na reunião foi deliberado o seguinte:

a. *«Será permitida a ocupação de espaço público entre os dias 28/11/2020 e 10/01/2021 para que os comerciantes do setor da venda de farturas possam desenvolver a sua atividade durante o período de Natal, com isenção total de taxas».*

b. *«Adjudica-se o fornecimento de 5 computadores à Empresa COMPUTEX».*

c. *«Por questões de saúde pública, suspende-se a realização da festa de natal dos funcionários do Município».*

Todas as deliberações foram aprovadas em primeira votação, sendo que:

i) a primeira deliberação foi aprovada por maioria simples, com duas abstenções;

ii) a segunda deliberação aprovada por maioria absoluta e tendo o Presidente da Câmara sido o primeiro a votar, uma vez que a Empresa COMPUTEX pertence à sua filha;

iii) a terceira deliberação aprovada por maioria simples e mediante escrutínio secreto.

iv) Imediatamente após a reunião, o Presidente da Câmara adjudicou o fornecimento dos 5 computadores à COMPUTEX.

Pronuncie-se sobre a validade e a eficácia das deliberações da Câmara Municipal, analisando todas as situações jurídico-administrativamente relevantes.

Casos Práticos
Teoria Geral da Organização Administrativa: em Especial, a Delegação de Competências

Nº 1

Como meio de controlo de propagação de focos de infeção por COVID-19, e em face das orientações da Ministra da Cultura, o Diretor-Geral do Património Cultural emitiu uma circular impondo que os museus e monumentos nacionais limitassem as entradas a visitantes e investigadores.

Nessa sequência, o Diretor do Palácio Nacional de Mafra, monumento nacional integrado na Direção-Geral do Património Cultural, delegou na Bibliotecária a competência para autorizar as visitas e consultas ao acervo da Biblioteca Monástico-Real do Palácio Nacional de Mafra.

Motivada por razões de racionalização na distribuição de serviço, a Bibliotecária delegou na sua Adjunta a competência para autorizar a consulta da *coleção de incunábulos* (obras impressas até 1500).

1. **Identifique e caracterize os elementos subjetivos da organização administrativa mencionados no texto.**

2. **Suponha que a Adjunta, não concordando com a decisão da Bibliotecária, uma vez que está mais habituada a trabalhar com o *núcleo de partituras musicais de João José Baldi*, pretende recusar-se a exercer tal competência. Poderá fazê-lo?**

Nº 2

Ao abrigo de uma delegação de poderes pelo Conselho de Gestão, o Administrador da Universidade do Minho indeferiu o pedido de isenção de propina de um Estudante de Doutoramento timorense, Amândio, sendo que este, revelando muito desalento recorreu ao Magnífico Reitor, Presidente do Conselho de Gestão da UM, invocando o seguinte:

1. O ato é inválido, pois o senhor Administrador não tem competência para decidir. Ela é do Magnífico reitor, sendo certo que, mesmo que tivesse existido delegação de competências, nunca houve qualquer publicação dessa delegação.
2. Que o ato deve ser revogado por inoportunidade, pois a UM tem traçado como sua estratégia a internacionalização e, por isso, a decisão contrária serviria melhor os objetivos atuais da UM.

Pronuncie-se sobre todas as questões juridicamente relevantes.

Nº 3

Ao abrigo de uma delegação de poderes pelo Conselho de Gestão, o Administrador da Universidade do Minho indeferiu o pedido de redução de propina do estudante brasileiro Roberto Casella, sendo que este, revelando muito desalento recorreu ao Magnífico Reitor, Presidente do Conselho de Gestão da UM, invocando o seguinte: *"este ato é inválido, pois o Senhor Administrador não te competência para decidir. Ela é do Magnífico reitor, sendo certo que, mesmo que tivesse existido delegação de competências, nunca houve qualquer publicação dessa delegação"*.

Diga se poderia o Conselho de Gestão deliberar negativamente, avocando a competência.

Nº 4

Suponha que o Reitor da Universidade do Minho, por despacho nº X/2016, publicado em Diário da República a 12 de junho de 2016, delegou nos presidentes de Escola um rol significativo de competências, destacando-se, entre elas, a competência para aprovar a constituição de júris dos concursos para professores associados.

1. **Nesse contexto, e considerando que em 2017 foi eleito um novo Reitor da UM, diga se o Presidente da Escola de Direito, ao abrigo daquela delegação, poderia nomear o júri para o concurso de professor associado para o grupo de ciências jurídico-públicas.**

2. **Em situação diversa da anterior, suponha que o Reitor avoca a competência e, não obstante a ter transmitido, pretende ser ele mesmo a aprovar a constituição do júri para o referido concurso. Poderia fazê-lo?**

Nº 5

Por decisão emitida ao abrigo de uma delegação de competências, o Diretor do Departamento de Licenciamento das Atividades Privadas da Câmara Municipal de Lisboa intimou Bento para *«proceder à substituição do equipamento necessário ao preparo e venda de castanhas em via pública, sob pena de lhe ser retirado o cartão de vendedor ambulante»*.

Neste contexto, Bento, pretendendo recorrer desse ato junto do TAF de Lisboa, invoca o seguinte:

- **a.** O ato de delegação de competências é nulo, uma vez que não se conhece que tenha existido qualquer lei de habilitação para o efeito;
- **b.** O ato que o intima padece do vício de incompetência, já que o ato de delegação de competência do Presidente da Câmara nunca foi publicado em Diário da República;
- **c.** O ato praticado ao abrigo de delegação padece de um vício grave porque a delegação já tinha sido revogada e, pior do que

isso, o Diretor não faz qualquer menção ao facto de exercer uma competência ao abrigo de uma delegação de competências;

d. Não quer recorrer hierarquicamente ao Presidente da Câmara Municipal de Lisboa, uma vez que o ato praticado pelo delegado tem o mesmo valor que teria se fosse praticado pelo delegante. E, ademais, seria duvidoso que tal ato viesse a ser revogado pelo Presidente, pois o Diretor é da sua inteira confiança.

Pronuncie-se sobre todas as questões juridicamente relevantes.

Nº 6

Um Diretor-Geral delegou no seu Subdiretor-geral a competência que lhe foi atribuída por lei para ordenar o encerramento de farmácias. Este, ao abrigo da delegação de competências, ordenou o encerramento de uma farmácia por esta estar a funcionar sem direção técnica devidamente habilitada.

Considerando que o dono farmácia pretende impugnar a decisão e considerando que não houve publicidade da delegação de poderes e que o Subdiretor-geral não mencionou a sua qualidade de delegado ao proceder ao exercício da competência, **diga a quem deve o dono da farmácia dirigir o seu recurso e com que fundamento.**

Nº 7

Ao abrigo de uma delegação de poderes, a Presidente do Conselho Científico da Escola de Direito da Universidade do Minho indeferiu o pedido de alteração do título de dissertação de António, tendo justificado a sua decisão no facto de *"o estudante não saber o que deseja, pois já é a segunda vez que solicita autorização no espaço de um ano"*.

Nesse sentido, António, tendo recorrido desta decisão para o Conselho Científico da EDUM, invoca o seguinte:

- **a.** Este ato é nulo, pois a Presidente do Conselho não tem competência para decidir o caso;
- **b.** Mesmo que tivesse existido delegação de competências, nunca houve qualquer publicação dessa decisão;
- **c.** A delegação de competências, a ter existido, caducou com eleição da nova Presidente da Escola de Direito.

Analise todas as questões suscitadas.

Nº 8-A

Considere a seguinte hipótese: A Ministra da Saúde delegou na Secretária-Geral do Ministério da Saúde a competência para autorizar despesas com aquisição de bens até ao montante de 500.000€. Por sua vez, a Secretária-Geral subdelegou tal competência na Diretora dos Serviços de Gestão, tendo esta dado ordem ao chefe da Divisão de Gestão de Recursos para proceder à aquisição por ajuste direto de 10 novos computadores. Suponha que o Chefe da Divisão de Gestão de Recursos o consulta, expondo as seguintes preocupações:

- **a.** Desconhece que a Diretora dos Serviços de Gestão tenha competência para autorizar a compra pública, uma vez que a mesma é do Membro do Governo com atribuições na área da saúde.
- **b.** Se existiu um ato de delegação de competências, ele deveria conhecê-lo.
- **c.** Por receio de cometer uma ilegalidade, prefere não cumprir a ordem que lhe foi dada.

Pronuncie-se sobre todas as questões suscitadas, fundamentando a sua resposta.

Nº 8- B

Suponha que a Ministra da Saúde delegou na Secretária-Geral do Ministério da Saúde a competência para autorizar despesas com aquisição de bens até ao montante de 500.000€. Por sua vez, a Secretária-Geral subdelegou tal competência na Diretora dos Serviços de Gestão, tendo esta dado ordem ao chefe da Divisão de Gestão de Recursos para proceder à aquisição por ajuste direto de 10 novos computadores.

Imagine que o Chefe da Divisão de Gestão de Recursos o consulta, expondo as seguintes preocupações:

a. Desconhece a existência de uma lei habilitante para o efeito, e não lhe parece que esteja em causa um ato de administração ordinária. No entanto, sabe que o ato de delegação foi publicado em Diário da República.

b. A Diretora dos Serviços de Gestão não fez qualquer menção ao facto de exercer uma competência ao abrigo de uma subdelegação de poderes. Mais do que isso, não sabe se, efetivamente, a Secretária-Geral poderia ter subdelegado tal competência na Diretora dos Serviços de Gestão.

c. Não quer recorrer para a Ministra da Saúde, porque sempre ouviu dizer que os atos praticados pelo delegado têm o mesmo valor que teriam se fossem praticados pelo delegante. Seria também duvidoso que a Ministra revogasse tal ato, uma vez que tanto a Secretária-Geral como a Diretora dos Serviços de Gestão são da sua inteira confiança.

d. Não sabe se deve cumprir a ordem que lhe foi dada pela Diretora dos Serviços de Gestão porque esta, entretanto, foi substituída.

Pronuncie-se sobre todas as questões suscitadas, fundamentando a sua resposta.

Nº 9

Configure a seguinte hipótese:

Pela Deliberação nº X/2021, o Conselho de Gestão da Universidade do Minho, órgão colegial, presidido pelo Reitor, responsável pela condução da gestão administrativa, patrimonial e financeira da

Universidade, delegou no Diretor da Unidade de Serviços de Gestão dos Campi e Infraestruturas a competência para autorizar a realização de despesas com empreitadas de obras públicas, até ao limite de 10.000.00€.

Por sua vez, o Diretor da Unidade subdelegou tal competência no Chefe do Gabinete de Instalações e Infraestruturas (Gabinete que integra a Unidade), que adjudicou à empresa "Construir e Recuperar" a remodelação de parte do parque de estacionamento junto ao Complexo Pedagógico 2 (CP2).

Suponha que António, funcionário daquele Gabinete, o consulta, expondo o seguinte:

a. Considera que o Chefe do Gabinete de Instalações e Infraestruturas não tem competência para decidir sobre o assunto em causa, uma vez que ela pertence ao Conselho de Gestão da UM.
b. Mesmo que tivesse existido delegação de competências, nunca houve qualquer publicação da decisão.
c. Dado que a Universidade tem no momento outras prioridades, a remodelação do parque de estacionamento é manifestamente inoportuna, pelo que o Conselho de Gestão da UM deveria intervir imediatamente, revogando a decisão. E se isso não suceder, pelo menos que seja o próprio Conselho de Gestão da UM a decidir a adjudicação.

Pronuncie-se fundamentadamente sobre todas as questões suscitadas.

Nº 10

Configure a seguinte hipótese:

Ao abrigo de uma delegação de poderes do Secretário de Estado da Juventude e do Desporto, o Conselho Diretivo do Instituto Português do Desporto e Juventude (IPDJ), I.P., passa a ser competente para autorizar, com faculdade de subdelegação, a celebração de contratos de arrendamento de imóveis para a instalação dos serviços do Instituto.

Nesse sentido, o Presidente do Instituto Português do Desporto e Juventude autorizou a celebração de um contrato de arrendamento de um imóvel na zona da "Baixa do Porto" para albergar a "Nova Biblioteca Nacional do Desporto".

1. Nesse contexto, imagine que vem a ser questionada a validade das atuações, pois a competência para autorizar a celebração de contratos de arrendamento de imóveis é, nos termos legais, do Membro do Governo com atribuições na área do Desporto. E, se existiu um ato de delegação de competências, ele deveria ser publicamente conhecido.

QUID IURIS?

2. **Poderia o Secretário de Estado substituir o ato praticado pelo Presidente do IPDJ, por considerar que a melhor localização para a Nova Biblioteca seria em Matosinhos? Justifique.**

Casos Práticos
Setores da Administração Pública Portuguesa e Terceiro Setor; Relações Interorgânicas e Intersubjetivas

Nº 1

Na sequência de uma reportagem num importante canal de televisão nacional, o Secretário de Estado Adjunto e da Justiça ordenou que a Direção-Geral de Reinserção e Serviços Prisionais, através do seu Serviço de Auditoria e Inquérito, abrisse um inquérito relativamente a uma alegada festa no estabelecimento prisional de Sintra.

1. **Identifique e caracterize o tipo de relação jurídico-administrativa que se estabelece entre o Ministério da Justiça e a Direção-Geral de Reinserção e Serviços Prisionais.**

2. **Suponha que o Chefe dos Serviços de Auditoria e Inspeção, tendo recebido a ordem do Diretor-Geral, mas considerando que o Secretário de Estado não tem competência para ordenar a abertura do inquérito, pretende ignorar as ordens dadas, pois não quer cometer uma ilegalidade. Diga se tal é possível, e em que termos.**

Nº 2

Na sequência de um grande incêndio na Serra da Agrela, que atingiu um canil ilegal e provocou a morte de 54 animais, o Ministro da Administração Interna ordenou que o Secretário de Estado da Conservação da Natureza e das Florestas abrisse um inquérito para a apuração das respetivas responsabilidades. Por sua vez, o Secretário de Estado recusa-se a cumprir a ordem dada, invocando que a competência para a abertura do inquérito é da Inspetora-Geral da Administração Interna. Para além disso, encontra-se integrado no Ministério do Ambiente, pelo que só teria de cumprir as ordens do respetivo ministro.

1. **Identifique e caracterize os elementos subjetivos da organização administrativa mencionados no texto.**

2. **Poderia o Secretário de Estado recusar-se a cumprir a ordem dada pelo Ministro da Administração Interna? Justifique.**

3. **Em hipótese diversa, se a ordem tivesse sido dada pelo Ministro do Ambiente, estaria o Secretário de Estado obrigado a cumpri-la?**

Nº 3

Suponha que o Secretário de Estado Adjunto e da Saúde emitiu um despacho dirigido ao Conselho de Administração da Administração Central do Sistema de Saúde (ACSS), I.P., com o seguinte conteúdo:

a. *Tendo em conta o Plano de Vacinação COVID-19 apresentado, o Conselho de Administração da ACSS, I.P., deve fazer um levantamento geográfico, de modo a identificar as zonas prioritárias para a contratação de novos profissionais de saúde;*

b. *Para o cumprimento do disposto anterior, recomenda-se que acione os mecanismos de articulação e coordenação necessários, designadamente com as Administrações Regionais de Saúde;*

c. *Deve emitir uma circular informativa de modo a dissipar as dúvidas que têm surgido em relação ao exercício das funções de enfermeiro-especialista.*

d. *Revoga-se ainda o parecer dado pela ACSS, I.P. sobre o Plano Diretor do Hospital de São João-Porto (Hospital do Serviço Nacional de Saúde), na vertente das instalações e equipamentos.*

1. Insira a Administração Central do Sistema de Saúde (ACSS) no quadro da organização administrativa.

2. Aprecie a validade do conteúdo do despacho, tendo em conta os poderes exercidos pelo Governo sobre a referida entidade e o regime jurídico que lhe é aplicável.

Nº 4

Aprecie a validade de cada uma das seguintes atuações:

a. O presidente do Conselho de Gestão da Universidade Pública X dirige a ordem Y a um dos vogais do Conselho.
b. O Governo revoga a decisão W do Presidente da Câmara Municipal de Braga.
c. A Ministra da Defesa Nacional dirige a ordem K ao Inspetor-Geral da Administração Interna.
d. O Ministro da Administração Interna dirige a ordem T à Secretária de Estado da Proteção Civil.
e. O Ministro da Economia recomendou às entidades regionais de turismo que promovam novas contratualizações com associações privadas, de modo a dinamizarem a atividade turística local.
f. A Secretária de Estado do Turismo aprovou o regulamento do modelo de contratualização de apoio financeiro a conceder pelo Instituto do Turismo de Portugal, I.P., no período de 2020-2025, a medidas e projetos de promoção turística, no âmbito de iniciativas de valorização, inovação e promoção do destino Portugal.
g. O Ministro dos Negócios Estrangeiros recomendou ao Alto Comissariado para as Migrações, I.P., a adoção de uma nova estratégia para as migrações.

Nº 5

Configure a seguinte hipótese:

A Comunidade Intermunicipal do Douro (CIMDOURO) promoveu a discussão pública da proposta de alteração ao Plano Intermunicipal de Ordenamento do Território do Alto Douro Vinhateiro (PIOTADV), instrumento de gestão da paisagem Património Mundial, que prevê iniciativas intermunicipais de valorização do património natural e cultural e enquadra os processos de revisão dos planos diretores municipais dos municípios abrangidos.

Sabendo que, nos termos legais, é obrigatório o acompanhamento e parecer da Comissão de Coordenação e Desenvolvimento Regional competente, **diga que consequências decorrem do seguinte:**

a. Foi emitido um parecer desfavorável em relação à proposta de PIOTADV pela CCDR-Centro.

b. Sabendo do sucedido, a Ministra da Presidência decide destituir o presidente da CCDR-Centro.

Nº 6

Configure a seguinte hipótese:

O Ministro da Saúde emitiu ontem um despacho dirigido ao Conselho Diretivo do Instituto Nacional de Emergência Médica, I.P., com o seguinte teor: "De modo a suprir as dificuldades que se têm feito sentir na prestação da sua atividade, deve o Conselho Diretivo do INEM proceder à compra de 20 novas ambulâncias, da marca Mercedes Benz, até ao término do presente ano civil (31-12-2022).

Aprecie a validade da atuação descrita.

Nº 7

Na sequência do impacto provocado pela crise pandémica na economia nacional, em particular no setor do turismo, a Secretária de Estado do Turismo, por delegação do Ministro da Economia, proferiu os seguintes despachos:

DESPACHO nº X/2020: *Aprova-se o regulamento do modelo de contratualização do apoio financeiro a conceder pelo Instituto do Turismo de Portugal, I.P., no período de 2020-2025, a medidas e projetos de promoção turística, no âmbito de iniciativas de valorização, inovação e promoção do destino Portugal.*

DESPACHO nº Y/2020: *Recomenda-se que as entidades regionais de turismo promovam novas contratualizações com associações privadas, de modo a dinamizarem a atividade turística local.*

1. **Insira as entidades mencionadas nos despachos no quadro da organização administrativa.**

2. **Pronuncie-se sobre o conteúdo dos despachos, tendo em conta os poderes exercidos pelo Governo sobre as referidas entidades e o regime jurídico que lhes é aplicável.**

3. **Imagine que o Governo pretende transformar o Instituto de Turismo de Portugal em Entidade Pública Empresarial. Que consequências decorriam dessa alteração quer do ponto de vista da organização administrativa quer do regime jurídico aplicável?**

Nº 8

Em março de 2004, o Teatro Nacional D. Maria II foi transformado em sociedade anónima de capitais públicos, passando a ser gerido por administração própria e sujeito à superintendência e tutela dos Ministérios das Finanças e da Cultura.

Em 2007, foi transformado em entidade pública empresarial, dotada de autonomia administrativa, financeira e patrimonial.

1. **Em que se distingue a natureza jurídica do Teatro Nacional D. Maria II (TNDMII) em 2004 e a partir de 2007 e em que tipo de Administração Pública se insere?**

2. **Tendo em conta o que respondeu anteriormente, diga se é possível, e em que termos, a Secretária de Estado da Cultura dirigir instruções ao Conselho de Administração do TNDMII.**

3. **Suponha que o Governo pretende transformar o Teatro Nacional D. Maria II, em 2022, em Instituto Público, I.P. Quais os limites a que está obrigado?**

Nº 9

Suponha que as Associações de Estudantes das Universidades A e B pretendem recorrer ao Ministro do Ensino Superior para que este revogue os regulamentos académicos das Universidades C e D, uma vez que consideram que tal regulamento contém disposições tremendamente desiguais, nomeadamente no que se refere a bonificações das médias finais de curso até a um máximo de 2 valores.

QUID IURIS?

Nº 10

O Ministro da Tutela foi informado pelo Presidente da Assembleia de Freguesia de S. Vicente (Braga) de que Luís, membro daquela Assembleia, faltou a três sessões consecutivas daquele órgão, sendo que, não obstante ter sido convocado para as respetivas sessões, mediante carta registada com aviso de receção, nunca compareceu nem justificou a sua ausência.

Na sequência da informação recebida, o Ministro da Tutela declarou a perda de mandato de Luís enquanto membro da Assembleia de Freguesia de S. Vicente.

Pronuncie-se sobre a atitude do Ministro da Tutela.

Nº 11

A Câmara Municipal de Braga (CM) deliberou, em reunião de 4 de Março de 2020, delegar no Presidente da Câmara a competência para nomear e exonerar o conselho de administração das empresas públicas municipais.

Insira as Empresas Públicas Municipais no quadro da organização administrativa portuguesa e aprecie a validade da deliberação tomada, considerando as competências dos órgãos autárquicos e as relações que se estabelecem entre o Município e aquelas empresas.

Nº 12

Suponha que, por Resolução do Conselho de Ministro, o Governo aprovou no passado mês de fevereiro, o seguinte:

1. *As despesas realizadas pelos municípios de valor superior a 20.000€ depende da autorização conjunta do Ministro das Finanças e do Ministro da Administração Interna.*
2. *As despesas realizadas pelas freguesias passam a depender da aprovação da câmara municipal da respetiva área territorial.*

Pronuncie-se sobre a validade da Resolução.

Nº 13

António foi notificado por carta registada, recebendo más notícias. Tomou conhecimento do seguinte:

1. Que o Vereador do Urbanismo decidiu *"ordenar a demolição do muro, situado em propriedade sua, que ameaça ruína iminente, pondo em causa a segurança de todos os que transitam naquela rua"*.
2. Que o presidente da Assembleia Municipal lhe aplicou uma coima no valor de 700 euros, pois António, muito nervoso, havia tido um comportamento inexplicável durante toda a reu-

nião daquele órgão, lugar onde António resolvera queixar-se das injustiças da vida.

Nesse sentido, António questiona-se sobre a validade daquelas decisões, uma vez que entende que nem no primeiro caso nem no segundo os órgãos autárquicos são competentes para praticar tais atos.

QUID IURIS?

Nº 14

Configure a seguinte hipótese:

Felicidade recebeu como presente de anos um cadela de raça Yorkshire Terrier. Tendo sido informada por um seu primo de que é obrigatório, nos termos legais, proceder ao seu registo e licenciamento, Felicidade requereu ao Presidente da Junta de Freguesia de Gualtar o registo e licenciamento da sua cadela, mas o mesmo declarou-se incompetente nos seguintes termos: "*Com a entrada em vigor do Decreto-Lei nº 82/2019, de 27 de junho, que cria o Sistema de Informação de Animais de Companhia, a Direção Geral de Alimentação e Veterinária é, nos termos do artigo 8º do referido diploma, a entidade competente pelo SIAC, cabendo-lhe assegurar o seu funcionamento e tratamento dos dados. E, ademais, no âmbito das competências conferidas aos órgãos locais, nunca o Presidente de Junta seria competente para o licenciamento de canídeos, antes a Junta de Freguesia*".

Sabendo que, nos termos do artigo 3º, alínea e) do DL nº 82/2019, entende-se por «Registo» o conjunto de informação coligida no SIAC com os elementos relativos ao número do transponder, elementos de resenha do animal, identificação do titular do animal e respetivos dados de contacto, do médico veterinário que procede à marcação do animal, bem como outras particularidades ou características e as medidas sanitárias preventivas oficiais ou informações relevantes que tenham sido associadas ao animal:

1. **Pronuncie-se sobre os argumentos apresentados pelo Presidente da Junta de Freguesia de Gualtar.**
2. **A sua resposta à questão anterior seria a mesma se em causa estivesse a captura de canídeo?**
3. **Suponha que a Junta de Freguesia de Gualtar veio a aprovar um novo Regulamento e Tabelas de Taxas/licenças, onde consta precisamente a alteração da taxa de registo de canídeos e gatídeos.**
   - **3.1. Pronuncie-se sobre a validade desta atuação.**
   - **3.2. Imagine que, tendo tido conhecimento do sucedido, a Ministra da Tutela pretende revogar aquele Regulamento. Poderia fazê-lo?**

Nº 15

Imagine que, em reunião ordinária, a Câmara Municipal de Braga deliberou, com 3 votos a favor, 3 votos contra e 1 abstenção, declarar prescrito a favor do município um conjunto de jazigos e sepulturas perpétuas instalados no cemitério municipal.

1. **Aprecie a validade e eficácia da deliberação.**
2. Suponha que Amândio, tendo requerido a concessão de um terreno, no cemitério municipal, para sepultura perpétua, viu o seu pedido indeferido pelo Diretor do Departamento de Conservação e Equipamentos Municipais. Entendendo que o Diretor não tem competência para tal, pretende recorrer ao Presidente da Câmara para que ordene a revogação daquela decisão. **Pronuncie-se sobre a situação em causa.**

Nº 16

1. **Considerando as seguintes hipóteses, pronuncie-se sobre a validade e eficácia das respetivas deliberações:**
   - **a.** A Câmara Municipal do Porto, invocando um ato de delegação da respetiva Assembleia Municipal, deliberou em reunião extraordinária, mesmo sem que o assunto cons-

tasse da ordem do dia, criar um novo Imposto Municipal de Proteção Civil, sendo que a deliberação foi aprovada com 2 votos a favor, incluindo do Presidente, 2 votos contra e 4 abstenções.

b. A Câmara Municipal do Porto, invocando um ato de delegação da respetiva Assembleia Municipal, deliberou aumentar a taxa municipal turística. Sendo que o assunto não constava da ordem do dia, os 7 membros presentes na reunião mensal de outubro, concordaram deliberar sobre a matéria. A deliberação foi aprovada com 3 votos a favor, incluindo do Presidente, 3 votos contra e 1 abstenção.

2. Tendo Bernardo, comerciante, que assistiu à reunião da alínea b), recorrido para a Ministra da Coesão Territorial, esta encontra-se a ponderar determinar a perda de mandato do Presidente da Câmara do Porto. Poderá fazê-lo?

Nº 17

Pronuncie-se sobre a validade de cada uma das seguintes decisões, considerando as competências dos órgãos em causa:

a. O Vereador da Mobilidade aplicou uma coima a António em resultado de uma infração relativa a estacionamento abusivo numa zona de estacionamento periférica da cidade.

b. O Presidente da Junta de Freguesia recusou o pedido de António para a emissão de um atestado de residência.

c. Ao abrigo de uma delegação de poderes, o primeiro-secretário da Comissão Executiva Metropolitana do Porto propôs a declaração de utilidade pública para efeitos de expropriação do imóvel X.

d. Ao abrigo de uma delegação de poderes, o Secretariado Executivo Intermunicipal da Beira Baixa deliberou, em reunião ordinária, aprovar o Plano Intermunicipal de Ordenamento do Território.

Nº 18

Suponha que a Ministra da Saúde ordenou uma sindicância à Ordem dos Médicos, por suspeitas de irregularidades. Por sua vez, o Bastonário, inconformado, deu uma entrevista a um reputado canal de televisão, invocando o seguinte: *"A Senhora Ministra não tem poderes para tal. Somos uma Ordem Profissional independente, com órgãos próprios, como é o caso do Conselho Superior, que, aliás, é o único que pode fiscalizar a atividade dos órgãos da Ordem".*

Caracterize a Ordem dos Médicos no quadro da organização administrativa e pronuncie-se sobre os argumentos invocados.

Nº 19

Configure a seguinte hipótese:

A Ministra da Justiça ordenou uma sindicância à Ordem dos Advogados, por suspeitas de irregularidades. Por sua vez, o Bastonário, inconformado, deu uma entrevista a um reputado canal de televisão, invocando o seguinte: "A Senhora Ministra não tem poderes para tal. Somos uma Ordem Profissional independente, com órgãos próprios, a incluir os de supervisão e fiscalização, que são os únicos que podem fiscalizar a atividade dos órgãos da Ordem":

1. **Caracterize a Ordem dos Advogados no quadro da organização administrativa e pronuncie-se sobre os argumentos invocados.**

2. **Imagine que, face a intoleráveis afirmações proferidas nos meios de comunicação social, afetando gravemente a dignidade e o prestígio profissional, a Ministra da Justiça decide aplicar a Vildemar a sanção de expulsão da Ordem dos Advogados. Poderia fazê-lo?**

3. Suponha ainda que a Ordem dos Advogados pretende aprovar alterações ao Regulamento Nacional de Estágio.

3.1. A que principais condicionalismos está sujeita tal alteração?

3.2. Em hipótese distinta, imagine que a Ordem dos Advogados pretende alterar os seus Estatutos, nomeadamente no que concerne aos requisitos de acesso à profissão. A que principais condicionalismos está sujeita tal alteração?

Nº 20

Mediante a Deliberação/2019/494, a Comissão Nacional de Proteção de Dados (CNPD) desaplica total ou parcialmente nove artigos da Lei Nacional de Proteção de Dados, em virtude de violarem o Direito da União Europeia, nomeadamente pela antinomia com as normas do RGPD.

Imagine que, descontente com a situação, o Governo pretende revogar aquela deliberação e substituir a presidente da CNPD. Poderá fazê-lo? Justifique.

Nº 21

Suponha que, através de Resolução do Conselho de Ministros, o Governo aprovou hoje o seguinte:

"O Banco de Portugal passa a estar sujeito a poderes de tutela e superintendência, exercidos pelo Ministro das Finanças, sendo também nomeado o Sr. W como novo Governador".

Pronuncie-se sobre a validade da Resolução.

Nº 22

Suponha que a Empresa "Tudo Iluminado, SA" foi notificada de uma decisão da ERSE (Entidade Reguladora dos Serviços Energéticos) que lhe aplica uma coima de 72 mil euros por interrupções indevidas do fornecimento de energia elétrica a consumidores. Inconformada, a Empresa pretende impugnar a decisão, considerando que a ERSE só tem poderes para fiscalizar a atividade dos operadores energéticos.

Diga se lhe assiste razão

Nº 23

Considere o artigo 2º do DL nº 235/2008, que aprova os Estatutos da Santa Casa da Misericórdia de Lisboa (SCML):

1. *A tutela, nos termos previstos nos presentes estatutos e na lei que seja especialmente aplicável, é exercida pelo membro do Governo que superintende a área da segurança social.*
2. *A tutela abrange, além dos poderes especialmente previstos nestes estatutos, a definição das orientações gerais de gestão, a fiscalização da actividade da Misericórdia de Lisboa e a sua coordenação com os organismos do Estado ou dele dependentes.*

1. **Caracterize a Santa Casa da Misericórdia de Lisboa no quadro da organização administrativa e diga, a partir do extrato apresentado, em que medida se poderá considerar que o legislador extravasou os poderes normais da relação tutelar.**
2. **Classifique, quanto ao fim e quanto ao conteúdo, o tipo de tutela exercida pelo Ministério do Trabalho e Segurança Social sobre a SCML, considerando que os estatutos da SCML preveem:**
   - **a.** Que é da competência da Mesa da SCML a elaboração dos planos de atividades e orçamentos e a sua submissão à aprovação da tutela;
   - **b.** Que é da competência da Mesa da SCML a aquisição, alienação e oneração dos bens imóveis da SCML, após a autorização da tutela;

c. A possibilidade de o mandato do provedor da SCML cessar por despacho conjunto do primeiro-ministro e do membro do Governo que exerce a tutela sobre a SCML, com fundamento na não realização dos objetivos previstos, na não prestação de informações essenciais ao exercício da tutela ou na sequência de atuações culposas ou gravemente negligentes que afetem a gestão ou o bom nome da SCML.

Nº 24

Considere:

1. A Administração Regional de Saúde do Norte, I.P. procedeu à transferência de utentes do Centro de Saúde do Barão do Corvo, em Vila Nova de Gaia, para o Centro ABCD, Lda., ao abrigo da celebração de convenções com médicos em regime de profissão liberal (Portaria nº 667/90 de 13 de agosto), passando estes a prestar cuidados de saúde primários a utentes do referido centro de saúde, num número compreendido entre os 6 e os 10 mil utentes, ficando esses clínicos obrigados a articular a sua ação com aquele mesmo centro de saúde.
2. Em paralelo, o INFARMED, I.P. deferiu o pedido de autorização de transferência da Farmácia EFGH, Lda. para um local geograficamente próximo do Centro Médico ABCD, sendo que a distância em linha reta entre uma e outro é, tal como devidamente comprovado, inferior a 100 metros.
3. A Recorrente, Farmácia XYZ, Lda., já existente na mesma área geográfica, entende que o Centro Médico ABCD se deve equiparar, para efeitos da observância dos requisitos da Portaria nº 1430/2007, de 2 de novembro, designadamente daqueles referentes à transferência das farmácias, a uma "extensão de saúde" do Centro de Saúde do Barão do Corvo. Em particular, entende que o ato de autorização da transferência da Farmácia é inválido, decorrente de um erro dos pressupostos de facto, uma vez que a distância mínima de 100m entre a farmácia e a

pretensa extensão de saúde (cfr. art. 2º, nº 1, al. *c*) da referida Portaria) não se verifica.

4. A Recorrente ficou vencida tanto em 1ª instância como em 2ª instância. Não obstante, prossegue com pedido de revista excecional para o Supremo Tribunal Administrativo.

Deve ou não o Centro Médico ABCD, Lda., qualificar-se como "extensão de saúde", para efeitos de lhe serem aplicáveis os requisitos da transferência de farmácia de oficina?

Exemplos de Temas para trabalhos e discussão oral

Tema 1: Condicionalismos político-constitucionais e europeus da organização administrativa

Tema 2: Os fenómenos da privatização/(re)publicização da organização administrativa

Tema 3: Os impactos do *Brexit* na aproximação/afastamento dos modelos de administração europeia

Tema 4: A descentralização administrativa em curso: reforço ou esforço da autonomia local?

Tema 5: (Re)pensar a lei da tutela administrativa

Tema 6: Governação Pública Local e *Smart Cities*

Tema 7: Os desafios da Regionalização Administrativa

Tema 8: A liberdade de escolha e de exercício de profissão e o acesso às ordens profissionais

Tema 9: A era da regulação e as entidades administrativas independentes

Tema 10: A importância e as "inovações" da nova Lei-quadro do Estatuto de Utilidade Pública

Tema 11: A Utilidade Pública Desportiva: o "Desporto" entre o Público e o Privado

Tema 12: O "Estado Garantidor" e as entidades particulares de interesse público

Parte II

Direito Administrativo II

– 2.º semestre –

Direito Administrativo II
– 2º semestre –

Programa sucinto da disciplina

1. Introdução à atividade administrativa: a. contextualização; **b.** princípios estruturantes da atividade administrativa

2. Instrumentos e Conteúdo da Atividade Administrativa; a. O procedimento administrativo; **b.** o regulamento administrativo; **c.** o ato administrativo; **d.** os contratos públicos (em especial, os contratos administrativos); **e.** a atividade de polícia administrativa e a atividade administrativa sancionatória; **f.** a discricionariedade administrativa; **g.** os bens da Administração Pública: em especial, os bens do domínio público;

3. As garantias administrativas e a Responsabilização das Entidades Públicas: a. As garantias administrativas: em especial, as reclamações e os recursos administrativos**; b.** A responsabilidade do Estado e das Entidades Públicas: em especial, pelo exercício da função administrativa

Bibliografia Obrigatória:

Isabel Celeste Fonseca, *Direito Administrativo II: Roteiro Teórico--Prático,* Braga: NEDIP/ELSA UMinho, 2019, com a colaboração de João Vilas Boas Pinto **(n.B. encontra-se em vias de publicação uma**

versão mais atualizada, em forma de *Curso de Direito Administrativo: Teoria Geral da Atividade Administrativa*)

Bibliografia Principal:

DIOGO FREITAS DO AMARAL, *Curso de Direito Administrativo,* Vol. II, 4ª edição, Coimbra: Almedina, 2018.

ISABEL CELESTE FONSECA, *Direito da Contratação Pública – Estudos Reunidos,* 2ª ed., Coimbra: Almedina, 2022.

JOÃO CAUPERS/VERA EIRÓ, *Introdução ao Direito Administrativo,* 12ª ed., Lisboa: Âncora, 2016.

JOÃO PACHECO DE AMORIM, *Introdução ao Direito dos Contratos Públicos,* Coimbra: Almedina, 2021.

JOSÉ CARLOS VIEIRA DE ANDRADE, *Lições de Direito Administrativo,* 5ª edição, Coimbra: Imprensa da Universidade de Coimbra, 2017.

LOURENÇO VILHENA DE FREITAS, *Direito do Procedimento Administrativo e Formas de Actuação da Administração,* Lisboa: AAFDL, 2016.

LUÍS FILIPE COLAÇO ANTUNES, *A Ciência Jurídica Administrativa,* Coimbra: Almedina, 2016, com a colaboração de Juliana Ferraz Coutinho.

MARCELO REBELO DE SOUSA/ANDRÉ SALGADO DE MATOS, *Direito Administrativo Geral,* Tomo III (Atividade Administrativa), 2ª ed., Lisboa: Dom Quixote, 2009.

MARIA JOÃO ESTORNINHO, *Curso de Direito dos Contratos Públicos,* Almedina, Coimbra, 2014.

MÁRIO AROSO DE ALMEIDA, *Teoria Geral do Direito Administrativo,* 7ª ed., Coimbra: Almedina, 2021.

MIGUEL ASSIS RAIMUNDO, *Direito dos Contratos Públicos,* 2 vols., Lisboa: AAFDL, 2022.

PAULO OTERO, *Direito do Procedimento Administrativo,* Vol. I., Coimbra: Almedina, 2016.

PEDRO COSTA GONÇALVES, *Direito dos Contratos Públicos,* I, 5ª ed., Coimbra: Almedina, 2021.

VASCO PEREIRA DA SILVA, *Em busca do Ato Administrativo Perdido,* Coimbra: Almedina, 2016.

Bibliografia Complementar e Jurisprudência – vd. as indicações em cada aula do Curso

TEXTOS PARA COMENTAR E/OU TEMAS PARA DESENVOLVER

Nº 1

«As fontes de direito administrativo traduzem-se no sistema de normas que regula a organização e disciplina a atividade da Administração Pública».

Nº 2

«De entre as profundas alterações do direito administrativo, destaca-se a designada soft law, que engloba, essencialmente, atos e instrumentos jurídicos sem carácter obrigatório, mas, que de uma forma ou de outra, se poderão reconduzir ao sistema das fontes do direito (administrativo)».

Nº 3

«O espaço jurídico não se restringe apenas ao continente europeu. Dessa forma, é hoje possível constatar a existência de um espaço jurídico global, campo fértil para o desenvolvimento do designado Direito Administrativo Global ou Cosmopolita».

Nº 4

«A atividade administrativa cobre um largo leque de tarefas nos mais variados domínios. Esse leque abrange, nos nossos dias, uma atividade a que se convencionou chamar atividade técnica, por oposição à atividade jurídica».

Nº 5

«A separação de poderes implica a ausência de controlo jurisdicional da margem de livre decisão administrativa na medida em que, subjacente à sua atribuição à Administração, está um juízo do legislador, segundo o qual o interesse público será melhor prosseguido se a última palavra decisória no caso concreto couber à Administração (e não aos tribunais)».

Nº 6

«Não há poder discricionário onde se admita ou defenda que o juiz possa, em recurso, refazer na totalidade a decisão administrativa ainda que seja apenas para a anular».

Nº 7

«A subordinação da Administração Pública ao princípio da proporcionalidade visa assegurar que o poder discricionário seja ainda expressão concretizada do Direito».

Nº 8

«No domínio da atividade administrativa, o direito administrativo contemporâneo só pode conceber que o procedimento administrativo formalizado seja o modo geral de desenvolvimento das atividades públicas».

Nº 9

«É sobretudo num quadro de incerteza e de risco elevado ao quadrado que se evidenciam os méritos do procedimento administrativo. Ele não espelha apenas os valores do Estado de Direito, ele legitima, apura e blinda a decisão final, uma vez que assegura que a entidade administrativa emite a decisão mais equilibrada à prossecução do interesse público no respeito pelos direitos e interesses legalmente protegidos daqueles que com ela se relacionam. A eficiência administrativa e a garantia dos particulares marcam esses méritos do procedimento».

Nº 10

«Assumindo-se como um instrumento normativo de disciplina das relações jurídicas (e, por conseguinte, consistindo numa fonte de direito), o regulamento

possui sempre um grau de inovação, o qual pode, contudo, variar consoante a relação (de maior ou menor proximidade) com a lei».

Nº 11

«O fundamento do poder regulamentar reside na lei. Se não há Administração sem lei, também não há poder normativo sem lei. Os regulamentos externos encontram-se, portanto, numa relação de dependência em relação aos atos legislativos».

Nº 12

«O acesso à informação é simultaneamente um instrumento de poder para os particulares, uma forma de racionalização da atividade da Administração Pública e uma garantia do Estado de Direito Democrático».

Nº 13

«O princípio da contratualidade no procedimento é a afirmação de um novo modelo de administração».

Nº 14

«O conceito material de ato administrativo não deixa, pois, de se circunscrever aos atos de conteúdo decisório».

Nº 15

«O poder administrativo de execução coerciva dos atos administrativos ainda se assume como expressão do princípio da legalidade».

Nº 16

«O poder administrativo de execução coerciva dos seus próprios atos administrativos demonstra o que de mais identitário tem a Administração típica dos sistemas de tipo francês, pese embora o atual regime acolhido no CPA, nos artigos 175º e ss., trazer consigo uma aparente mudança radical de paradigma».

Nº 17

«Se normalmente a Administração atua por via de autoridade, outras vezes prefere chegar a acordo com os particulares, lançando mão de um contrato administrativo sempre que entenda adequado (e a lei o não proíba), para prosseguir as suas atribuições».

Nº 18

«A lei fundamental confirmou a rutura de forma definitiva e sistémica com o modelo de não responsabilização dos poderes públicos ou de insuficiente responsabilização».

Nº 19

«A lei de responsabilidade civil extracontratual do Estado e demais Entidades Públicas de 2007, pese embora alguma inovação, ficou aquém das expectativas e das necessidades, obrigando a um esforço hermenêutico constante por parte de quem a aplica».

Nº 20

«A previsão legal, enquanto elemento normativo, e a afetação, enquanto elemento teleológico, afirmam-se como critérios cumulativos na determinação da dominialidade».

Nº 21

«Importa, desde logo, perceber que o universo sancionatório inclui as sanções disciplinares, as sanções corporativas, as sanções contraordenacionais e outras sanções administrativas inominadas».

QUESTÕES E DISTINÇÕES

Nº 1

De que forma é possível afirmar que o princípio da legalidade se assume fundamentalmente hoje como princípio da juridicidade?

Nº 2

Refira-se às formas de controlo jurisdicional do poder discricionário.

Nº 3

Distinga a atividade técnica da atividade jurídica da Administração Pública.

Nº 4

Diga em que medida o Direito Administrativo é influenciado pelo Direito da União Europeia.

Nº 5

Refira-se ao âmbito de aplicação do Código do Procedimento Administrativo.

Nº 6

Identifique os principais objetivos do procedimento administrativo.

Nº 7

Problematize a consequência jurídica resultante da omissão da audiência prévia legalmente devida no procedimento administrativo.

Nº 8

Explicite os conceitos de "regulamento administrativo" e "ato administrativo" acolhidos para efeitos do procedimento administrativo.

Nº 9

Distinga os seguintes conceitos:

a. Parecer vinculante/parecer conforme;
b. Portaria/postura.

Nº 10

Distinga sucintamente:

1. Conceitos classificatórios/conceitos indeterminados;
2. Poder de revogação/poder de anulação;
3. Regulamento interno/regulamento externo;
4. Ato complexo/Complexo de atos.

Nº 11

Explique as diferenças de regime dos tipos de invalidade dos atos administrativos.

Nº 12

Analise criticamente o conteúdo do artigo 163º, nº 5 CPA.

Nº 13

Refira-se à evolução da ideia de executoriedade dos atos administrativos.

Nº 14

Distinga sucintamente:

1. Reserva de lei e precedência de lei na evolução do princípio da legalidade;
2. Ato administrativo e ato instrumental;
3. Regulamento interno e regulamento externo;

4. Regulamento de execução e regulamento independente;
5. Contrato Público e Contrato administrativo;
6. Recurso hierárquico e reclamação;
7. Revogação e anulação.

Nº 15

Distinga os seguintes conjuntos de conceitos:

1. Caderno de encargos/programa do procedimento;
2. Ajuste Direto/Consulta Prévia;
3. Decisão de contratar/adjudicação;
4. Comunicação Prévia/licenciamento.

Nº 16

Distinga os seguintes conceitos:

1. Contrato administrativo/Contrato Público;
2. Culpa Grave/Culpa Leve;
3. Responsabilidade por factos ilícitos/responsabilidade pelo risco;
4. Responsabilidade objetiva/Responsabilidade pelo funcionamento anormal do serviço.

Casos Práticos

A Administração e o Direito: em Especial, a Discricionariedade Administrativa

Nº 1

Atente no conteúdo do seguinte preceito: «*Os municípios podem determinar, através de regulamento municipal, a prévia sujeição a discussão pública do licenciamento de operações de loteamento com significativa relevância urbanística. A consulta prevista no número anterior tem sempre lugar quando a operação de loteamento exceda algum dos seguintes limites: a) 4 ha; b) 100 fogos; c) 10% da população do aglomerado urbano em que se insere a pretensão*».

Diga se a mesma norma atribui poder discricionário à Administração autárquica e que tipo de consequências decorrem dessa consideração, do ponto de vista do controlo jurisdicional da atuação administrativa ao abrigo desse quadro jurídico.

Nº 2

Diga se atribui poder discricionário à entidade administrativa a disposição legal que dispõe que o pedido de licenciamento de obras de construção, de ampliação ou de alteração em área não abrangida por operação de loteamento ou plano de pormenor pode ser indeferido quando «a obra seja suscetível de manifestamente afetar a estética das povoações, a sua adequada inserção no ambiente urbano ou a beleza das paisagens» (artigo 24º, nº 3 do RJUE). **E mencione que consequências decorrem dessa possibilidade, do ponto de vista do controlo judicial do exercício dessa competência.**

Nº 3

Considere as seguintes normas do Decreto Regulamentar nº 2-A/ /2005 de 24 de março, do Ministério da Administração Interna:

"***Artigo 1º – Âmbito de aplicação***

O presente regulamento aplica-se à utilização das vias públicas para a realização de atividades de carácter desportivo, festivo ou outras que possam afetar o trânsito normal.

(...)

Artigo 8º – Competência para autorizar

1 – A autorização para a realização na via pública das atividades previstas nos artigos anteriores é da competência da câmara municipal do concelho onde a atividade se realiza ou tem o seu termo.

(...)

3 – Para efeitos de concessão de autorização, deve ser ponderado o interesse da atividade em causa relativamente ao interesse de garantir a liberdade de circulação e a normalidade do trânsito.

4 – Para os efeitos previstos no número anterior, deve designadamente ser ponderado:

a) O número de participantes;
b) A importância das vias envolvidas no que respeita a capacidade de escoamento de tráfego;
c) A segurança e a fluidez da circulação.

1. **A entidade local goza de poder discricionário quando autoriza a atividade em via pública?**

2. **Tendo em conta o que respondeu supra, que consequência decorre dessa consideração do ponto de vista do controlo jurisdicional?**

Nº 4

Diga se atribui poder discricionário a disposição legal que dispõe que «O presidente da CCDR territorialmente competente pode determinar o embargo, a introdução de alterações, a demolição do edificado ou a reposição do terreno em quaisquer operações urbanísticas desconformes com o disposto em plano municipal ou plano especial de ordenamento do território, sempre que não se mostre assegurada pelo município a adoção das referidas medidas de tutela de legalidade urbanísticas».

E mencione que consequências decorrem dessa possibilidade, do ponto de vista do controlo judicial do exercício de tal competência.

Nº 5

Diga **se atribui poder discricionário** a norma do CCP que refere o seguinte (no artigo 79º):

«1. Não há lugar à adjudicação, extinguindo-se o procedimento, quando:

a) *Nenhum candidato se haja apresentado ou nenhum concorrente haja apresentado proposta*

b) *Por circunstâncias imprevistas, seja necessário alterar aspetos fundamentais das peças do procedimento;*

c) *Circunstâncias supervenientes relativas aos pressupostos da decisão de contratar o justifiquem».*

Nº 6

A Lei nº 95/2019, de 4 de setembro, que aprova a (Nova) Lei de Bases da Saúde, estabelece na sua Base 34 o seguinte:

*«**1** – À autoridade de saúde compete a decisão de intervenção do Estado na defesa da saúde pública, nas situações suscetíveis de causarem ou acentuarem prejuízos graves à saúde dos cidadãos ou das comunidades, e na vigilância de saúde no âmbito territorial nacional que derive da circulação de pessoas e bens no tráfego internacional».*

2 *– Para defesa da saúde pública, cabe, em especial, à autoridade de saúde:*

a) Ordenar a suspensão de atividade ou o encerramento dos serviços, estabelecimentos e locais de utilização pública e privada, quando funcionem em condições de risco para a saúde pública;

b) Desencadear, de acordo com a Constituição e a lei, o internamento ou a prestação compulsiva de cuidados de saúde a pessoas que, de outro modo, constituam perigo para a saúde pública;

c) Exercer a vigilância sanitária do território nacional e fiscalizar o cumprimento do Regulamento Sanitário Internacional ou de outros instrumentos internacionais correspondentes, articulando-se com entidades nacionais e internacionais no âmbito da preparação para resposta a ameaças, deteção precoce, avaliação e comunicação de risco e da coordenação da resposta a ameaças;

d) Proceder à requisição de serviços, estabelecimentos e profissionais de saúde em casos de epidemias graves e outras situações semelhantes.

3 – *Em situação de emergência de saúde pública, o membro do Governo responsável pela área da saúde toma as medidas de exceção indispensáveis, se necessário mobilizando a intervenção das entidades privadas, do setor social e de outros serviços e entidades do Estado.*

Suponha que, em face ao surto de COVID-19 que atinge grande parte da região Norte do país, a Diretora-Geral da Saúde ordenou o encerramento de todas as escolas básicas e secundárias de alguns dos concelhos do distrito de Braga, designadamente dos concelhos de Barcelos e Amares. Inconformados com a decisão, os agrupamentos de Escolas desses concelhos pretendem impugnar judicialmente a decisão da Diretora-Geral, com fundamento na ausência de factos que demonstrem a existência de riscos para a saúde pública nos referidos concelhos. Ademais, uma vez que a decisão não abarca as escolas de outros concelhos limítrofes, como sejam as dos concelhos de Braga e Vila Verde, onde efetivamente já se verificaram alguns casos infecciosos, consideram que foram violados alguns importantes princípios gerais da atividade administrativa, o que invalida a referida decisão.

Por seu turno, a Direção-geral de Saúde alega que, como a sua decisão é um ato discricionário praticado no exercício de poderes administrativos, o seu controlo jurisdicional seria incompatível, sob pena de ilegítima intromissão do Poder Judicial na apreciação do mérito da atuação administrativa, com o dever que aos tribunais se impõe de respeitarem os espaços de valoração próprios do exercício da função administrativa, dever que decorre do princípio da separação de poderes.

Tendo em consideração o contexto normativo apresentado, analise do ponto de vista do direito administrativo todas as questões juridicamente relevantes suscitadas na hipótese prática.

Nº 7

Configure a seguinte hipótese:

A Comissão de Mercado de Valores Mobiliários (CMVM) abriu um concurso, em regime de contrato individual de trabalho por tempo indeterminado, para o seu Departamento Jurídico, ao qual compete, entre outras, propor acusações e decisões em matéria contraordenacional da competência da CMVM, representar a CMVM nos processos judiciais e assegurar a troca de informação com outras autoridades de supervisão no domínio das apreciações de idoneidade.

Para o efeito, nos termos legais, *"são admitidos a concurso juristas de reconhecido mérito que tenham exercido atividade profissional relevante durante um período mínimo de 5 anos"*.

Imagine que se apresentaram a concurso ANTÓNIO, licenciado em direito há 8 anos e, desde então, a trabalhar no departamento jurídico da Câmara Municipal de Braga, bem como BELA, sua colega de curso, com uma pós-graduação em Direito da Regulação e Supervisão, área na qual possui um conjunto significativo de publicações, de entre as quais se destaca uma monografia dedicada ao direito contraordenacional das entidades administrativas independentes.

Por decisão de MANUEL, diretor do Departamento, ao abrigo de uma delegação de poderes do Presidente da CMVM, os dois candidatos foram excluídos do concurso, com fundamento no não preenchimento dos requisitos legais previstos para a admissão.

Inconformados com a decisão, pretendem contra ela reagir. Ademais, têm conhecimento de que FILIPE, colega de curso de ambos, foi admitido a concurso, decisão que se lhes afigura injusta e nada isenta, uma vez que FILIPE é também vizinho de MANUEL, entendendo, assim, terem sido violados importantes princípios da atividade administrativa.

Caracterizando a atuação administrativa em causa, diga se será possível, e em que termos, que António e Bela obtenham a anulação judicial da decisão administrativa.

Nº 8

Tendo em conta a Deliberação do Conselho de Gestão da Universidade X, deliberação nº 05/2019, de 23 de março de 2019, **Barialay**, Estudante afegão do Curso de Mestrado, requereu a anulação do pagamento de propinas vincendas ao Administrador da Universidade X, invocando um justo impedimento, dada a insuficiência económica-financeira decorrente do período interno de instabilidade política ocorrida no Afeganistão e a impossibilidade da sua deslocação a Portugal, que coincidiu com a inscrição do estudante durante o ano letivo 2020-2021.

Nesta sequência, tendo considerado que aquele não preenchia os pressupostos fixados no regime a aplicar, **o Administrador da Universidade X, ao abrigo de uma competência delegada, indeferiu o requerimento do Estudante.**

Barialay, considerando-se injustamente lesado pela decisão, que considera ademais ilegal, entende ter direito ao ato devido, que é a isenção do pagamento da propina, que assim se traduz numa "maldita dívida", correspondente ao ano letivo em que estava inscrito e não frequentou o curso na totalidade, **uma vez que no quadro normativo em causa a aplicar pelo Administrador da Universidade X não há qualquer margem de discricionariedade – pelo que outra deveria ter sido a decisão, dada a ostensiva situação de justo impedimento**.

Para o efeito, considere o art. 1º:

"1. O Conselho de Gestão autoriza a anulação das prestações vincendas da propina devida pela inscrição no ano letivo em que se constata uma situação de justo impedimento.
2. Considera-se existir justo impedimento quando se verifica um facto superveniente ao termo final do prazo de anulação da inscrição no ano letivo corrente e facto absolutamente impeditivo da frequência e conclusão do ano letivo a que a dívida se

reporta, desde que seja comunicado por escrito à Universidade X e devidamente instruído com prova documental bastante. Considera-se o período mínimo de 3 meses consecutivos, como prazo impeditivo de concretizar as unidades curriculares a que está inscrito.

3. Aqui se subsumirão os casos de:

a) Doença do aluno, considerando o período mínimo referido de 3 meses consecutivos, desde que o aluno comunique à Universidade a impossibilidade de frequentar e concluir o ano letivo a que a dívida se reporta, em virtude do seu estado de saúde. A comunicação deve ser efetuada por escrito, no prazo de 30 dias a contar da constituição da possível situação de justo impedimento e devidamente instruída com prova documental bastante;

b) Doença de familiar do aluno, considerando o período mínimo de 3 meses consecutivos, desde que o aluno comunique à Universidade X a impossibilidade de frequentar e concluir o ano letivo a que a dívida se reporta, em virtude do estado de saúde de familiar que tem de acompanhar decorrente da doença. A comunicação deve ser efetuada por escrito, no prazo de 30 dias a contar da constituição da possível situação de justo impedimento e devidamente instruída com prova documental bastante;

c) Alunos estrangeiros que se inscrevem na Universidade X e que, por motivos alheios a estes e devidamente comprovados, não conseguem obter o visto de entrada em Portugal em tempo útil".

QUID IURIS?

Casos Práticos

As Regras Gerais do Procedimento Administrativo

Nº 1

Considere as seguintes disposições do Decreto Regulamentar nº 2-A/2005 de 24 de março, do Ministério da Administração Interna:

*"**Artigo 1º – Âmbito de aplicação***

O presente regulamento aplica-se à utilização das vias públicas para a realização de atividades de carácter desportivo, festivo ou outras que possam afetar o trânsito normal.

(...)

Artigo 7º – Outras atividades que podem afetar o trânsito normal

1 – O pedido de autorização para realização de atividades (...) suscetíveis de afetar o trânsito normal deve ser apresentado na câmara municipal do concelho onde aquelas se realizem (...).

2 – Para efeitos de instrução do pedido de autorização, a entidade organizadora deve apresentar os seguintes documentos:

a) Requerimento contendo a identificação da entidade organizadora da atividade, com indicação da data, hora e local em que pretende que a mesma tenha lugar, bem como a indicação do número previsto de participantes;

b) Traçado do percurso, sobre mapa ou esboço da rede viária, em escala adequada que permita uma correta análise do percurso, indicando de forma clara as vias abrangidas, as localidades e os horários prováveis de passagem nas mesmas;

c) Regulamento da atividade a desenvolver, se existir;

d) Parecer das forças de segurança competentes;

e) Parecer das entidades sob cuja jurisdição se encontram as vias a utilizar, caso não seja a câmara municipal onde o pedido é apresentado.

Artigo 8º – Competência para autorizar

1 – A autorização para a realização na via pública das atividades previstas nos artigos anteriores é da competência da câmara municipal do concelho onde a atividade se realiza ou tem o seu termo.

2 – Os pareceres referidos nas alíneas d) e e) do nº 2 do artigo 3º e nas alíneas d) e e) do nº 2 do artigo 7º, quando desfavoráveis, são vinculativos.

3 – Para efeitos de concessão de autorização, deve ser ponderado o interesse da atividade em causa relativamente ao interesse de garantir a liberdade de circulação e a normalidade do trânsito.

4 – Para os efeitos previstos no número anterior, deve designadamente ser ponderado:

a) O número de participantes;

b) A importância das vias envolvidas no que respeita a capacidade de escoamento de tráfego;

c) A segurança e a fluidez da circulação.

Refira-se ao procedimento administrativo previsto no regulamento, destacando as formalidades procedimentais previstas. Haverá lugar a audiência prévia?

Nº 2

Suponha que, a 20 de janeiro de 2021, Alberto solicitou à Direção-Geral de Recursos Naturais, Segurança e Serviços Marítimos (DGRM) um pedido de autorização para a captura da raia curva na zona 9 do CIEM. O pedido foi dirigido ao Diretor-Geral.

A 5 de fevereiro, foi notificado por Maria da Encarnação, Diretora dos Serviços de Inspeção, Monitorização e Controlo das Atividades Marítimas da DGRM, convidando-o a suprir o requerimento apresentado, por o mesmo ser omisso quanto a informações relevantes para a decisão, devendo igualmente juntar todos os elementos probatórios essenciais.

A 15 de fevereiro, o Diretor-Geral indeferiu o pedido de Alberto, justificando com a falta de um parecer do Instituto Português do Mar e da Atmosfera, I.P.

A decisão de indeferimento foi proferida, sem que tenha havido lugar a audiência prévia, tendo esta sido dispensada com fundamento no facto de Alberto ter indicado ter urgência na obtenção da autorização.

Alberto veio a saber que o seu pedido havia sido indeferido por um seu conhecido que trabalha na DGRM.

A partir da hipótese apresentada, identifique os sujeitos procedimentais, destaque as formalidades do procedimento administrativo e refira-se à sua tempestividade.

Nº 3

Timóteo Cotovio requereu à Câmara Municipal de Braga uma licença para a construção de uma vivenda unifamiliar num terreno de que é proprietário. Nessa sequência, os serviços camarários competentes consultaram, nos termos da lei, as Infraestruturas de Portugal, I.P., uma vez que o terreno em questão confronta com uma estrada nacional, e a Direção Geral do Património, visto que parte do imóvel está integrado numa zona de proteção de um imóvel classificado, sendo que ambas as entidades emitiram parecer desfavorável à concessão da licença.

Por seu turno, a Câmara Municipal, após ouvir o interessado, indeferiu o pedido, tendo esta decisão sido notificada a Timóteo.

1. **Identifique na situação apresentada as várias fases do procedimento administrativo.**

2. **Destaque e caracterize os vários atos praticados pela Administração Pública.**

Nº 4

A empresa Tratamento de Resíduos Hospitalares e Gestora X dirigiu ao centro Hospitalar do Tâmega e Sousa um requerimento a solicitar que a informasse «se alguma vez foi aberto procedimento administrativo para prestação de serviço de gestão de resíduos hospitalares e, em caso afirmativo, quando foi e quais os serviços incluídos; que lhe fosse permitido para consulta e eventual emissão de cópias o acesso aos processos de adjudicação dos serviços de gestão de resíduos hospitalares referentes a 2017/2018 (incluindo preços pagos).

QUID IURIS?

Nº 5

Configure a seguinte hipótese:

Nos termos legais, é atribuída ao Reitor competência para, mediante parecer favorável do Departamento Financeiro da Reitoria, conceder bolsas de estudos a alunos carenciados, podendo a sua atribuição ser apenas feita para o ano letivo imediatamente a seguir àquele em que é apresentado o requerimento para o efeito.

Em Maio de 2021, durante o ano letivo de 2020/2021, Bernardo requereu uma bolsa de estudos para frequentar o 2º ano da Licenciatura em Direito na Escola de Direito da Universidade do Minho no ano letivo de 2021-2022. Nessa sequência, foi solicitado ao Departamento Financeiro da Reitoria a emissão do parecer legalmente devido.

1. **Suponha que do Departamento Financeiro faz parte Carolina, madrinha de Bernardo, que, confrontada com a situação, não sabendo como agir, vem consultá-lo. O que lhe diria?**

2. **A sua resposta à questão anterior seria a mesma se Carolina, em vez de madrinha de Bernardo, tivesse com este uma forte inimizade desde os seus tempos de adolescente?**

Casos Práticos
Formas de Atuação e Garantias Administrativas

Nº 1

Tendo em vista a regulação da utilização do espaço público no seu centro histórico, o município de Vila Formosa publicitou o início do procedimento de elaboração do respetivo regulamento municipal e submeteu o projeto de regulamento a audiência dos interessados.

Na fase da audiência dos interessados, a *Associação dos Moradores do Centro Histórico de Vila Formosa*, bem como os cidadãos *Manuel Feliz* e *Manuela Contente*, apresentaram propostas concretas quanto à regulação da utilização do espaço público, solicitando que fossem atendidas no regulamento municipal a aprovar.

Aprovado o regulamento municipal, foram apenas acolhidas as propostas da *Associação dos Moradores do Centro Histórico de Vila Formosa*.

1. **Qualifique o regulamento em causa, quer do ponto de vista da sua relação com a lei quer quanto à sua eficácia.**

2. **A partir do enunciado, destaque as principais formalidades em que o procedimento de elaboração dos regulamentos administrativos se decompõe.**

3. **Os cidadãos *Manuel Feliz* e *Manuela Contente* possuem legitimidade procedimental para apresentar propostas relati-**

vas ao regulamento municipal? Em caso afirmativo, em que circunstâncias?

Nº 2

Suponha que a Entidade Reguladora da Saúde (ERS), ao abrigo de competência constante da sua lei orgânica, aprovou, em Janeiro de 2021, um novo regulamento para a transferência de utentes entre os estabelecimentos prestadores de cuidados de saúde.

A *Associação Portuguesa de Hospitalização Privada* pretende impugnar o regulamento aprovado, invocando os seguintes argumentos:

- **a.** O regulamento não refere a lei habilitante e não foi precedido de qualquer formalidade de participação pública.
- **b.** O regulamento contém algumas disposições contraditórias com um regulamento da União Europeia sobre a transferência e transporte de utentes entre estabelecimentos de saúde.

1. **Qualifique o regulamento em causa.**

2. **Pronuncie-se sobre os argumentos invocados, analisando a viabilidade da pretensão, sem esquecer de se referir à tempestividade. Em caso afirmativo, refira-se aos efeitos da declaração de invalidade do regulamento.**

3. **Suponha que a ERS tomou conhecimento que a Direção-Geral de Saúde (DGS) está a aplicar algumas sanções aos prestadores de cuidados de saúde, competência essa que é da ERS, nos termos da sua lei orgânica.**
   Pronuncie-se sobre a validade da atuação da DGS e diga como poderá a ERS reagir contra ela.

Nº 3

A Associação representativa dos interesses cívicos Y apresentou, junto da autarquia de Braga, a proposta para a elaboração de um regulamento tendente à adoção de medidas de proteção social com vista à implementação da Lei X sobre os apoios sociais no contexto da pandemia covid-19.

1. **Caracterize o regulamento em causa.**

2. **A Lei X impunha a emissão de um regulamento no prazo de 30 dias contados da sua entrada em vigor. Após 70 dias, ainda não havia sido criado esse regulamento. *QUID IURIS*?**

3. **Suponha que os interessados vêm exigir a declaração de invalidade deste regulamento que excluía das medidas sociais de apoio cidadãos da Religião W. Poderão fazê-lo? Em caso de resposta afirmativa, que tipo de invalidade se trata, quais os seus fundamentos e em que termos?**

Nº 4

A Câmara Municipal de Armamar publicitou na respetiva página institucional o início de um procedimento com vista à emissão de um regulamento que disciplinará a organização e o funcionamento da sua Biblioteca Municipal.

Depois de elaborado o projeto de regulamento, o mesmo foi sujeito a consulta pública, uma vez que os utentes da Biblioteca Municipal teriam interesse em pronunciar-se, tendo sido devidamente publicitado.

O projeto do Regulamento, que contém igualmente a devida nota justificativa, dispõe o seguinte:

1 – *A Biblioteca Municipal está aberta todos os dias, das 09:00 às 17:00 e das 17:00 às 22:00.*

2 – *A entrada é gratuita, sendo cobrada uma taxa de utilização da internet, no valor de € 1/dia. O pagamento da taxa é dispensado aos estudantes e aos aposentados.*

3 – *É vedada a entrada de pessoas com animais.*

4 – *De entre os trabalhadores em funções públicas afetos aos serviços do Casa-Museu, António Pires e Ana Pires passam a exercer funções na Biblioteca Municipal. (...)*

O casal Pires, tendo tido conhecimento da aprovação do regulamento, sente-se perseguido e recorreu aos tribunais, alegando violação do direito à audiência prévia!

Nesse contexto, caracterize juridicamente a atuação administrativa e pronuncie-se sobre os argumentos invocados pelo casal Pires.

Nº 5

Diga se os seguintes atos jurídicos são regulamentos administrativos. Em caso afirmativo, classifique-os:

a) Decreto Regulamentar 1/2020, de 16 de março, emanado pela Presidência do Conselho de Ministros, que classifica como zonas especiais de conservação os sítios de importância comunitária do território nacional.

b) Portaria nº 267/2018, de 20 de dezembro, emanada pela Secretária de Estado da Justiça, que procede à alteração dos regimes de tramitação eletrónica dos processos nos tribunais judiciais e nos tribunais administrativos e fiscais (Citius/SITAF).

c) Resolução do Conselho de Ministros nº 45-C/2021, de 30 de abril, declarando a situação de calamidade, no âmbito da pandemia da doença COVID-19.

d) Resolução do Conselho de Ministros nº 8/2011, que determina a aplicação do Acordo Ortográfico da Língua Portuguesa no sistema educativo no ano letivo de 2011-2012 e, a partir de 1 de Janeiro de 2012, ao Governo e a todos os serviços, organismos e entidades na dependência do Governo.

e) Despacho Normativo nº 10-B/2021, de 14 de abril de 2021, dos Gabinetes do Secretário de Estado Adjunto e da Educação e da Secretária de Estado a Educação, referente aos procedimentos da matrícula e respetiva renovação, às normas a observar na distribuição de crianças e alunos e definindo o calendário de matrículas e respetiva renovação para o ano escolar de 2021-2022.

f) Circular Informativa nº 01/2021 da Secretaria-Geral do Ministério da Saúde sobre o Assunto "Amianto- Atualização Sistema de Informação dos Imóveis do Estado".

g) Postura Municipal de Ordenamento do Tráfego do Município de Arouca.

h) Decreto Regulamentar Regional nº 12-A/2020/A, de 5 de junho de 2020, da Presidência do Governo da Região Autónoma dos Açores, que procede à quinta alteração ao Decreto Regulamentar Regional nº 20/2014/A, de 23 de setembro, que regulamenta o Subsistema de Incentivos para o Desenvolvimento Local.

Nº 6

Diga se, em cada uma das seguintes hipóteses, está perante um ato administrativo e, em caso afirmativo, qualifique-o:

a) Ordem dada a um funcionário da Direção-geral de Saúde para que se submeta a um exame médico;

b) Ato policial de dispersão de uma manifestação;

c) Relatório do responsável pela direção de um procedimento administrativo, com formulação de uma proposta de decisão;

d) Despacho do reitor da UM que homologa a lista de seriação dos candidatos no âmbito de um procedimento concursal para o provimento de duas vagas na categoria de professor associado na área de ciências jurídicas administrativas;

e) Deliberação da Assembleia Municipal de Braga, determinando que, no âmbito da concretização da digitalização da AP, todos os requerimentos apresentados à Câmara Municipal de Braga passam a ser efetuados exclusivamente por via eletrónica;

f) Dissolução da Junta de Freguesia de Gualtar;
g) Despacho Reitoral homologatório das decisões dos vários júris dos procedimentos concursais para o provimento de vagas na categoria de professor auxiliar para as diversas unidades orgânicas;
h) Indeferimento da pretensão de Bernardo para uso e porte de arma;
i) Despacho X/2022 da Ministra do Trabalho, determinando a dissolução do Conselho Diretivo do Instituto de Gestão Financeira da Segurança Social, IP, e respetiva cessação do mandato de todos os seus membros.
j) Declaração de utilidade pública, pela Câmara Municipal de Braga, de um imóvel, para efeitos de expropriação;
k) Comunicação prévia para a realização de obras de edificação de loteamentos.

Nº 7

A requerimento do empresário **X**, a entidade competente concedeu uma autorização de exploração de uma indústria com uma envergadura económica importante e que se revelará útil para o desenvolvimento económico da região onde aquele reside. Contudo, a título de contrapartida da autorização da instalação, a entidade administrativa veio impor ao empresário **X** a construção de uma estação de tratamento de resíduos, uma vez que se prevê que, do funcionamento daquela indústria, pode decorrer uma emissão poluente significativa.

Neste contexto, **X**, insatisfeito com a decisão em causa, pretende impugná-la, invocando o seguinte:

a) A entidade administrativa não teve em conta pareceres técnicos legalmente necessários;
b) Aliás, porque **X** nunca foi devidamente informado sobre o andamento do processo, não pôde colaborar com o instrutor do processo. Foi por isso mesmo que um pedido que efetuou para realização de uma diligência probatória não obteve resposta.

c) A entidade administrativa autorizou a instalação de outras indústrias nas mesmas condições, sem impor qualquer tipo de encargo.

Localize na estrutura do ato administrativo os vícios que lhe são imputados e faça-lhes corresponder as respetivas consequências jurídicas.

Nº 8

O Diretor Regional do Ambiente e Recursos Naturais do Alentejo ordenou o embargo da obra de ANTÓNIO, uma vez que a mesma colidia com os limites da REN (Reserva Ecológica Nacional), violando o regime legal aplicável que proíbe a construção de edifícios, a realização de escavações e aterros e a destruição do coberto vegetal em solos da REN.

Neste contexto, tendo em conta que ANTÓNIO pretende impugnar a decisão praticada por aquela entidade pública, **pronuncie-se sobre os fundamentos por ele invocados para o efeito:**

a) O ato é nulo porque sofre de um vício de usurpação de poderes, já que cumpriria ao Presidente da Câmara praticar aquele ato;

b) O ato é anulável porque padece de vício de forma, visto que não foi realizada a audiência prévia do interessado, tendo sido violado o art. 100º do CPA;

c) O ato é nulo porque padece de um vício de violação de lei, por não respeitar o princípio da proporcionalidade, previsto na CRP e no CPA;

d) O ato está inquinado por um vício de forma, por falta de fundamentação, por contradizer o art. 152º CPA, e por isso é anulável;

Nº 9

Por decisão emitida ao abrigo de uma subdelegação de competências, o Diretor do Departamento de Construção e Conservação de Edifícios e Obras Diversas da Câmara Municipal de Lisboa ordenou a ANTÓNIO para «proceder à demolição da obra clandestina efetuada e repor o local conforme o projeto aprovado».

Neste contexto, ANTÓNIO, pretendendo recorrer desse ato junto do Tribunal Administrativo e Fiscal de Lisboa, vem invocar o seguinte:

a. Que o ato padece de usurpação de poderes, já que o ato de delegação de competência do Presidente da Câmara em benefício do Vereador do Urbanismo nunca foi publicado no Diário da República, devendo entender-se que a sucessiva transferência de competência é ilegal, sendo certo que o delegante não autorizou a possibilidade de subdelegação da competência.

b. Que o ato é nulo, uma vez que não foi realizada qualquer audiência dos interessados, não podendo entender-se como tal uma conversa que ocorreu inicialmente, aquando da abertura do procedimento de licenciamento daquela obra, nem muito menos se pode aceitar que possa existir uma situação de urgência que impeça a realização de tal direito fundamental.

c. Que não vale a pena recorrer daquela decisão para o Presidente da Câmara Municipal de Lisboa, uma vez que o ato praticado pelo subdelegado tem o mesmo valor que teria se fosse praticado pelo delegante, sendo certo que tal tipo de recurso tutelar só existe quando a lei o prevê – o que não é o caso.

Qualifique o ato administrativo presente e analise os vícios que António imputa à decisão tomada, indicando as respetivas consequências jurídicas.

Nº 10

Tendo em vista a concretização de um projeto privado de turismo da empresa *Portucale-Sociedade de Desenvolvimento Agro-Turístico*, ligada ao grupo *Espírito Santo*, que envolverá a construção de moradias, hotéis, campo de golfe, centro hípico, uma barragem e um campo de tiro, tudo a realizar na *Herdade da Vargem Fresca*, os Ministros da Agricultura, do Ambiente e do Turismo declararam a "imprescindível utilidade pública" daquele projeto turístico. Segundo o Presidente da Câmara de Benavente, a concretização do projeto terá um impacto positivo na economia do município, já que proporcionará 400 novos postos de trabalho.

Neste contexto, a Associação Ambientalista *Quercus*, tendo tido conhecimento do despacho conjunto publicado ontem e tendo percebido que a declaração da "imprescindível utilidade pública" daquele projeto turístico se traduzirá numa autorização para se proceder ao imediato abate de 2605 sobreiros existentes naquela *Herdade*, pretende impugnar judicialmente o acto, considerando o seguinte:

a) Que o ato padece do vício de incompetência porque competia apenas ao Ministro da Agricultura praticá-lo;
b) Que o ato é anulável, visto que a razão de urgência invocada para afastar a audiência prévia dos interessados não faz sentido;
c) Que o ato é nulo porque não é nada proporcional que a realização do empreendimento se faça à custa do abate de um tipo de árvore que é legalmente protegida;
d) Que não faz sentido lançar mão de alguma garantia graciosa, mesmo que a lei preveja a reclamação daquela decisão;

QUID IURIS?

Nº 11

Por despacho do Secretário de Estado da Cultura, **Jean Jacques** viu indeferido o seu pedido de autorização para a exportação de uma pintura flamenga a óleo sobre madeira do Século XVI que havia adquirido em leilão público (no qual não fora anunciada qualquer restrição ou condicionamento à respetiva comercialização).

Neste contexto, **Jean Jacques,** considerando que tal despacho o lesa significativamente (pois, afinal, extingue-lhe faculdades integrantes do direito de propriedade privada e restringe-lhe o respetivo direito sem que o compense com qualquer indemnização), pretende dele recorrer para os tribunais administrativos não obstante se tratar de um despacho de um Secretário de Estado, sendo certo que, para o efeito, vem invocar o seguinte:

1. que tal despacho é nulo, pois viola clara e frontalmente os princípios constitucionais da confiança, boa fé, justiça e justa indemnização;
2. que o ato é anulável, porque deveria ter sido praticado pelo Instituto Português de Museus e da Conservação, I.P., a quem compete decidir sobre a respetiva aquisição;
3. que a decisão é anulável, visto que nele não constam quaisquer razões de facto e de direito que o fundamentem, sendo certo que as poucas informações que contém são incompreensíveis;
4. que tal ato é nulo, visto que, nos termos da lei, seria necessário solicitar um parecer técnico ao Museu Nacional de Arte Antiga, o qual deveria pronunciar-se sobre o interesse da peça para as coleções nacionais e o pedido de exportação da obra;

Analise todas as situações juridicamente relevantes.

Nº 12

Por despacho do Secretário de Estado do Ordenamento do Território e das cidades foi declarada a utilidade pública, com carácter de urgência, da expropriação de oito parcelas de terreno, sitas na *Quinta da Musgueira*, freguesia da Charneca, com vista à necessária execução do *Programa Especial de Realojamento* (PER) da zona do «Alto do Lumiar». De entre as oito parcelas mencionadas consta uma parte de uma propriedade de **Nestor**, uma parcela de terreno com área de 11 696 m2 a destacar do prédio *Quinta dos Milagres* – uma quinta do século XVIII, que possui um enorme palacete e um jardim com árvores e plantas raras.

Tendo em conta que o ato expropriativo de uma parte da *Quinta dos Milagres* causará provavelmente um prejuízo de difícil reparação a **Nestor**, uma vez que haverá a destruição desse património arquitetónico e arbóreo e o desalojamento dos agregados familiares lá residentes, **diga em que termos (e com que fundamentos) aconselha este particular a recorrer imediatamente de tal ato**. Para o efeito, saiba que:

1. Não foram cumpridas as formalidades previstas na lei. E do ato que declara a utilidade pública da expropriação não consta a data nem a assinatura do seu autor;
2. A competência para praticar tal ato pertence ao Ministro do Ambiente. E, ainda que aquele tenha praticado o ato ao abrigo de uma competência delegada, tal entidade não fez qualquer menção desse facto;
3. A decisão não incorpora uma fundamentação suficiente. Aliás, não houve uma devia ponderação quanto à imprescindibilidade da construção dos referidos fogos (125 fogos para 125 famílias a realojar), naquele exato local – Quinta dos Milagres. E há, por isso, violação do princípio da proporcionalidade.

Nº 13

Merlin apresentou um requerimento dirigido ao Presidente da Câmara Municipal de Braga, solicitando que lhe fosse concedida licença para a prática de campismo ocasional, para o período compreendido entre os dias 29/03/2021 a 05/04/2021 (férias da Páscoa), tendo para o efeito procedido à junção de todos os elementos necessários para a tomada de decisão, designadamente, planta de localização e planta de cadastro do acampamento ocasional; identificação das infraestruturas de apoio; autorização expressa do proprietário do prédio; identificação do número de participantes e do número de tendas; indicação da duração do acampamento temporário.

O pedido foi deferido pelo Presidente da Câmara a 12/03/2021, mediante parecer prévio favorável da autoridade de saúde e da autoridade policial competente.

A 25/03/2021, Merlin foi notificado de um novo despacho do Presidente da Câmara, com o seguinte teor: "*Por razões de interesse público, designadamente por razões de proteção da saúde, atinentes à evolução da situação pandémica no concelho de Braga, altero, em sentido contrário, a minha decisão de 12/03/2021*". Inconformado com a decisão, Merlin pretende reagir contra esse despacho, invocando o seguinte:

a. Não lhe foi dada a oportunidade de se defender, em momento anterior à decisão;
b. O despacho vem assinado pelo Presidente da Câmara, mas este não faz menção de que está a exercer uma competência delegada, uma vez que a competência para a prática daquele ato é da Câmara Municipal.
c. Tendo sido concedidas licenças a outras pessoas em condições semelhantes, tem conhecimento de que, ao contrário da sua, tais licenças não foram revertidas.
d. Para além disso, já pagou as taxas devidas.

1. **Qualifique o despacho do Presidente da Câmara de 25/03/2021 e diga se se verificam os requisitos legais aplicáveis.**

2. **Localize na estrutura do ato administrativo os vícios que lhe são imputados e faça-lhes corresponder as respetivas consequências jurídicas. E diga de que garantias administrativas pode lançar mão e quais os efeitos que delas pode esperar.**

Nº 14

Cimbalino requereu, no município de Terras Altas, o licenciamento de uma habitação unifamiliar que se propunha construir para nela residir. Sem precedência de qualquer atividade instrutória e sem audição do interessado, o requerimento foi apreciado por um vereador que nele após, sem mais, o seguinte despacho: "Indeferido".

Notificado desse despacho, Cimbalino, inconformado, interpôs recurso para o Ministro do Ambiente e Ordenamento do Território, pedindo a revogação do ato do vereador que, aliás, considera não ser competente para proferir aquele despacho e, mesmo que assim não fosse, dele nem sequer consta a referência de que é praticado ao abrigo de uma delegação de poderes.

Posteriormente, foi notificado de que o Ministro do Ambiente e Ordenamento do Território decidiu não conhecer do seu pedido, com o fundamento de que não tinha o dever legal de o decidir.

Cimbalino pretende agora reagir juntos dos tribunais administrativos contra o Município de Terras Altas, pedindo a anulação do ato praticado pelo vereador.

Por seu turno, o município de Terras Altas alega que o recurso para o Ministro do Ambiente não suspendeu o prazo da impugnação judicial, pelo que o direito de ação junto dos tribunais administrativos caducou. Ademais, o despacho proferido pelo vereador é perfeitamente válido, visto este ser detentor de uma delegação de poderes válida e eficaz, e de todas as exigências procedimentais terem sido respeitadas.

Caracterize todas as situações jurídico-administrativas relevantes e analise, do ponto de vista da atuação e garantias administrativas, os diversos argumentos apresentados, tomando sobre eles uma posição devidamente fundamentada.

Nº 15

Considere a seguinte hipótese:

A 29/01/2021, a Assembleia Municipal de Bem-Viver, sob proposta da Câmara Municipal, adotou a seguinte deliberação: *"No âmbito da concretização da digitalização da Administração Pública, no município de*

Bem-Viver, todos os requerimentos apresentados à Câmara Municipal são efetuados exclusivamente por via eletrónica".

Suponha que Maximus e Minimus, munícipes de Bem-Viver, o consultam, expondo o seguinte:

a. Não sabem como qualificar juridicamente aquela deliberação, mas, em todo o caso, não foi precedida de qualquer formalidade de participação pública. Para além disso, o Município de Bem-Viver tem uma elevada percentagem de população sem literacia digital, pelo que a deliberação constitui uma violação ao princípio da igualdade no acesso aos serviços. Por tudo isso, só ficaria bem ao Presidente da Assembleia Municipal reverter a situação, proferindo um despacho a revogar imediatamente a deliberação.

b. Entretanto, foram notificados de um despacho do Presidente da Câmara de Bem-Viver, de 05/04/2021, que lhes retira a licença para o funcionamento da esplanada da pastelaria de que são proprietários. Não sabem se o Presidente da Câmara poderia atuar dessa forma, mas pretendem reagir administrativamente contra esse despacho, considerando-o inválido pelo seguinte:

b.1. Não tiveram oportunidade de se defender em momento anterior à decisão;

b.2. Não conseguem perceber com clareza os fundamentos da decisão;

Pronuncie-se sobre todas as questões suscitadas, fundamentando a sua resposta.

Nº 16

Configure a seguinte hipótese:

O Vice-Presidente da Agência Portuguesa do Ambiente (APA), I.P., concedeu à ALGAR-Valorização e Tratamento de resíduos Sólidos, SA, uma licença para a instalação do Aterro Sanitário do Sotavento, sita em Vale do Zebro (freguesia de Salir e concelho de Loulé), para o exercício da atividade de deposição de resíduos em aterro.

Inconformados com a decisão, o grupo de cidadãos defensor das causas ambientais "Todos em Defesa do Zebro!" interpôs um recurso hierárquico para o Ministro do Ambiente, que proferiu o seguinte despacho: "*Tendo em conta que a decisão do Vice-Presidente da APA é ilegal, uma vez que a competência para a autorização é do Presidente da APA, não tendo igualmente sido solicitados os pareceres legalmente exigidos, revogo-a inteiramente*".

1. **Diga se poderia o grupo de cidadãos ter recorrido para o Ministro do Ambiente e pronuncie-se sobre a validade e condicionalismos aplicáveis ao seu despacho.**

2. **Em face do despacho do Ministro do Ambiente, poderia a ALGAR apresentar uma reclamação administrativa junto do Primeiro-Ministro, solicitando-lhe que revogasse aquele despacho?**

3. **Em hipótese autónoma, suponha que a ALGAR solicitou a emissão da licença a 10.01.2022, sem que, ao dia de hoje, tenha recebido qualquer resposta por parte da APA. QUID IURIS?**

Nº 17

A Portaria nº 19-A/2021, de 25 de janeiro veio regulamentar os procedimentos de atribuição do ***apoio extraordinário*** ao rendimento dos trabalhadores, criado com o objetivo de assegurar a continuidade dos rendimentos das pessoas em situação de particular desproteção económica causada pela pandemia da doença COVID-19, previsto no artigo 156º da Lei nº 75-B/2020, de 31 de dezembro, que aprovou o Orçamento do Estado para 2021.

Assim, nos termos do artigo 3º da Portaria, o reconhecimento do direito ao apoio extraordinário depende de o requerente:

a) Satisfazer as condições previstas no nº 2 do artigo 156º;
b) Encontrar-se em situação de desproteção económica;
c) Residir em território nacional.

Nesse contexto, **Francelina,** trabalhadora por conta de outrem, designadamente trabalhadora do serviço doméstico, abrangida pelo artigo 156º, nº 2 da Lei nº 75-B/2020, encontrando-se em situação de desproteção económica, **requereu, em 08-03-2021,** ao Centro Distrital da Segurança Social de Braga a concessão do apoio extraordinário, tendo o seu pedido sido deferido por Osvaldo, Chefe de Divisão e seu cunhado, decisão que lhe foi **comunicada por correio eletrónico a 28-04-2021**.

Tendo contado a novidade a Evelyn, sua vizinha, esta solicitou igualmente, **a 03-05-2021,** a concessão do apoio extraordinário, tendo o pedido sido **indeferido, a 05-07-2021,** com fundamento no não preenchimento dos referidos requisitos.

Uma vez que não foi ouvida antes da tomada da decisão, Evelyn decide impugnar a decisão de 05-07-2021 junto da Ministra da Segurança Social, que veio a anulá-la hoje.

1. Pronuncie-se sobre a validade e eficácia da atuação administrativa relativa à atribuição do apoio extraordinário a Francelina.

2. Pronuncie-se sobre a atuação da Ministra da Segurança Social.

Nº 18

Um Centro de Investigação de uma Universidade Pública desencadeou um procedimento concursal com vista ao recrutamento de um bolseiro tendo em vista a execução de tarefas no âmbito de um projeto financiado pelo Programa 2020, que se prolongará por 24 meses.

Ao concurso apresentaram-se 3 candidatas, **A, B e C**., tendo esta sido imediatamente excluída em virtude de não ter instruído devidamente a candidatura e de não reunir os requisitos solicitados no edital de abertura do procedimento.

Após avaliação pelo júri, **A** e **B** foram notificadas da lista final, acompanhada de um quadro com a classificação numérica atribuída, tendo **A** sido seriada em primeiro lugar.

Neste contexto, diga o que lhe aprouver em relação a cada um dos seguintes cenários:

1. **C,** considerando "dispor do prazo de dez dias úteis para, querendo, se pronunciar em sede de audiência", considera a decisão de exclusão nula, uma vez que nunca foi ouvida naquele procedimento concursal.

2. **B,** não compreendendo a razão da ordem estabelecida na lista final de seriação, requereu o acesso às atas das reuniões do júri, tendo o Presidente do júri negado o acesso, por entender que as mesmas contêm dados pessoais de **A**.

3. **Em hipótese diversa,** considere que **B**, depois de aceder às atas, verifica que:

i) um membro do júri havia sido orientador de tese de doutoramento de **A**;

ii) e que na segunda ata sobre os métodos de avaliação, e a propósito da avaliação curricular, consta a menção de que a candidata tem um percurso curricular que "revela muita aptidão e motivação para a atividade de investigação a desenvolver no projeto".

Neste sentido, descontente com a seriação efetuada, **B** pretende recorrer, sendo que o regulamento de atribuição de bolsas de investigação da Universidade prevê que "cabe recurso da lista final de seriação, no prazo de 7 dias úteis, para o Reitor da Universidade".

Diga como deve B reagir, do ponto de vista das suas garantias, e que fundamentos poderá invocar a seu favor para esse efeito.

Nº 19

Configure a seguinte hipótese:

Joaquim, técnico-superior jurista da Direção-Geral do Património, com contrato de trabalho em funções públicas, utilizou a fotocopiadora do departamento onde trabalha para fotocopiar um capítulo do Manual de Direito Administrativo, obra essencial para o Mestrado em Direito Administrativo que frequenta na Escola de Direito da Universidade do Minho.

Nessa sequência, foi-lhe instaurado um processo disciplinar, tendo-lhe sido aplicada, por despacho do Diretor-Geral, a sanção de despedimento disciplinar, nos termos da LTFP.

Notificado da decisão, Joaquim interpôs recurso para a Ministra da Cultura, pedindo a revogação daquela decisão. Para o efeito, invoca que o ato é anulável por violação do seu direito de audiência prévia (cfr. artigo 214º da LTFP), sendo que, para além disso, desconhece a sua fundamentação.

1. **Localize na estrutura do ato administrativo os vícios que lhe são imputados e faça-lhes corresponder as respetivas consequências jurídicas.**

2. **Imagine que Joaquim não havia sido notificado da decisão que lhe aplica a sanção de despedimento disciplinar. Qual a sua relevância jurídica?**

Nº 20-A

Manuel, titular do alvará de licença de obras de construção nº X/2021, foi notificado de um despacho do Vereador do Urbanismo de Braga que lhe ordena para proceder à demolição de todas as obras executadas sem licenciamento municipal e em desconformidade com o projeto aprovado (incluindo todos os muros e anexos ao edificado). Do mesmo despacho consta ainda a informação de que "a demolição deve ser realizada no prazo de 20 dias, sob pena de a Câmara Municipal o fazer a expensas do infrator, nos termos do RJUE".

Manuel vem consultá-lo com vista a saber se a Administração poderia emanar um despacho com tal conteúdo. O que lhe diria?

Nº 20-B

Manuel, titular do alvará de licença de obras de construção nº 830/21, foi notificado do despacho do Vereador Y, que lhe "ordena para proceder à demolição de todas as obras executadas sem licenciamento municipal e em desconformidade com o projeto aprovado (incluindo todos os muros e anexos ao edificado)". Do mesmo despacho consta ainda a informação de que "a demolição deve ser realizada no prazo de 10 dias úteis, sob pena de a Câmara Municipal o fazer a expensas do infrator, nos termos do RJUE (Decreto-Lei nº 555/99, de 16 de dezembro (com alt. post.)". Na mesma altura, Manuel foi notificado do despacho emitido uma semana depois pelo Diretor do Departamento de Fiscalização de obras, em que se "determina o montante de 15 000 euros como valor fixado para os custos da demolição coerciva da obra ilegal a realizar por terceiro", tendo os serviços municipais iniciado as obras de demolição dos muros e anexos aos edificado. Manuel, inconformado com a atuação da Autarquia, pretende recorrer de todas as decisões que lesam os seus direitos e o seu património.

Neste sentido, pronuncie-se sobre as possibilidades de sucesso de Manuel.

Nº 21

Por anúncio publicado em 15/10/2018, na 2ª série do Diário da República, o Município de Matosinhos lançou um concurso público internacional para a prestação de serviços para o fornecimento de refeições em refeitórios escolares dos jardins-de-infância e escolas do 1º ciclo do ensino básico do Concelho de Matosinhos. Ao referido concurso apresentaram-se 5 candidatos, e a adjudicação foi efetuada, no dia 1 de abril de 2018, à sociedade «Barriga Cheia, Lda.», com sede em Montalegre.

Tendo sido notificada de tal decisão, a empresa «Comes e bebes, Lda.» (que também havia sido admitida ao concurso), com sede em Lagos, pretende impugná-la por considerar que a proposta que apresentou, apesar de ter um preço idêntico ao da escolhida, apresenta-se indiscutivelmente melhor na relação qualidade-preço, bastando considerar a variedade do cardápio e a origem dos produtos.

Tendo presente que o critério de adjudicação estabelecido no programa do concurso assenta nos seguintes fatores (e subfactores) – preço (50%); valia técnica da proposta (10%); acolhimento no cardápio de produtos biológicos resultantes de agricultura sustentável (20%) e ser empresa promotora de inclusão de trabalhadores imigrantes (20%), **aprecie a validade da adjudicação.**

Casos Práticos
Responsabilidade Civil Extracontratual do Estado e Entidades Públicas: em Especial, pelo Exercício da Função Administrativa

Nº 1

Considere o seguinte: a transportadora de cargas pesadas Lda. deseja propor uma ação contra o Município de Penafiel, com vista a obter uma indemnização por danos causados a um veículo automóvel pesado de mercadorias, de que é proprietária. Para tal, invoca que o dano que ocorreu quando o veículo passava na ponte sobre a Ribeira da Camba (rede viária municipal) se ficou a dever à falta de obras de manutenção e à ausência de sinalização proibitiva de circulação naquela via. Em consequência do acidente, o veículo ficou parcialmente destruído, resultando a sua imobilização por 10 dias.

QUID IURIS?

Nº 2

No dia 10/10/2019, quando Zacarias atravessava a Praça do Município de Ponte de Lima, foi atingido pela queda de um tronco de grande porte de uma das árvores centenárias da cidade, sofrendo danos, quer pessoais, quer na viatura automóvel em que circulava. Zacarias sofreu um traumatismo craniano e, após a intervenção cirúrgica imediata para sustentar a hemorragia cerebral, passou a necessitar de cuidados médicos continuados. A sua viatura, avaliada pela companhia de seguros, ficou totalmente inutilizada e sem possibilidade de recuperação, tendo sido entregue para abate.

Zacarias pretende efetivar uma ação de responsabilidade civil do Município de Ponte de Lima, demandando tanto o Município como o funcionário municipal responsável pela fiscalização e manutenção dos espaços verdes, pedindo a sua condenação solidária ao pagamento de uma indemnização pelos danos patrimoniais e não patrimoniais sofridos.

Caracterize, do ponto de vista jurídico-administrativo, a situação descrita e analise a viabilidade da pretensão de Zacarias.

Nº 3

Suponha que o Ministro da Agricultura determinou o abate imediato de todos os animais do Município de Montemor-o-Novo. Dias mais tarde, vem a saber-se que não existiam razões para o abate, pelo que bastava que fosse determinada a vacinação daqueles animais. A decisão do Ministro, manifestamente imponderada, para além de obrigar os proprietários das explorações agrícolas de Montemor-o-Novo a abater todo o seu gado, comportou prejuízos avultados para as referidas explorações e retirou o sustento a dezenas de famílias que nelas trabalhavam. Face ao exposto, **diga em que termos e contra quem a *Cooperativa dos Proprietários das Explorações Agrícolas de Montemor-o-Novo* poderá lançar mão de uma ação de responsabilidade civil pelo exercício da função administrativa.**

Nº 4

Um grupo de funcionários do Ministério dos Negócios Estrangeiros, formulou um pedido de indemnização contra a Administração, na sequência dos danos causados aos seus bens durante um conflito armado ocorrido na Guiné-Bissau, altura em que se encontravam a exercer funções oficiais na embaixada de Portugal nesse país, designadamente, secretário da embaixada, adido para a cooperação e oficial administrativo.

À data dos acontecimentos, a Guiné-Bissau encontrava-se em guerra civil, sendo que os danos sofridos pelo grupo de funcionários assumem um valor considerável e resultam da sua condição de representantes do Ministério dos Negócios Estrangeiros. Todos os factos encontram-se provados e documentados.

A Procuradoria-Geral da República, em parecer solicitado pela Ministra dos Negócios Estrangeiros, entendeu que as funções desempenhadas pelo grupo de funcionários diplomáticos não se qualificavam em si mesmas como especialmente perigosas. Para além disso, entendeu que, visto a lei atribuir aos funcionários diplomáticos, especialmente sujeitos a esses riscos, direito à atribuição de suplementos remuneratórios mensais de montante variável em função da sua gravidade e onerosidade, os eventuais prejuízos materiais não compreendidos nesses suplementos devem ser imputados aos funcionários a título de riscos normais decorrentes do exercício da atividade em causa, sendo que o recurso aos mecanismos da responsabilidade civil objetiva somente poderão ser equacionados se, numa situação concreta, viesse a verificar-se que os danos materiais sofridos excediam de forma desproporcionada e desrazoável o montante dos abonos atribuídos em função das particularidades específicas da zona de intervenção diplomática.

Analise criticamente a situação descrita à luz do atual Regime Jurídico da Responsabilidade Civil do Estado e demais entidades públicas.

Nº 5

António e Maria, em representação da sua filha menor, Beatriz, pretendem instaurar uma ação administrativa, pedindo a condenação do Ministério da Saúde, da Administração Regional de Saúde do Norte (ARS Norte), do Centro Hospital do Tâmega e Sousa, E.P.E., do Centro de Saúde Penafiel e do Instituto Nacional Dr. Ricardo Jorge ao pagamento da quantia de 100.00.00 euros, a título de danos patrimoniais e não patrimoniais, acrescida de juros de mora. Para tal, invocam o seguinte:

a. Beatriz nasceu no dia 10 de janeiro de 2020, no Centro Hospital do Tâmega e Sousa, E.P.E., tendo realizado o "teste do pezinho" no Centro de Saúde Penafiel/Termas de São Vicente. No entanto, como não receberam nenhuma comunicação nos 30 dias seguintes, pressupuseram não existir qualquer problema genético com Beatriz.

b. A 20 de março de 2020, Beatriz foi hospitalizada no Hospital de São João, no Porto, aí sendo-lhe diagnosticado hipotiroidismo congénito, que deveria ter sido detetado pelo Instituto Dr. Ricardo Jorge através da análise do "teste do pezinho", permitindo, assim, um tratamento antecipado eficaz, evitando sofrimento e mazelas.

c. Toda a situação se deve a uma violação legal, por omissão, já que o "teste do pezinho" de Beatriz ou não foi entregue ou nem sequer foi enviado para o Instituto Dr. Ricardo Jorge.

d. Consideram que tanto o Ministério da Saúde, como a ARS Norte e o Centro Hospitalar do Tâmega e Sousa são os responsáveis pela emanação de diretivas e ordens para o Centro de Saúde, sendo que este, por sua vez, tinha a obrigação funcional de enviar a recolhe de sangue para o Instituto Dr. Ricardo Jorge. Se o Instituto recebeu a recolha de sangue de Beatriz, deveria ter comunicado os seus resultados aos pais no prazo de 48h, o que não sucedeu.

Por seu turno, o Instituto Nacional Dr. Ricardo Jorge entende que, se não há registo da entrada do "teste do pezinho" de Beatriz, é porque o ofício, mesmo que tenha sido enviado pelo Centro de Saúde, nunca chegou ao Instituto, pelo que este não tem qualquer responsabilidade pela perda de correspondência pelos CTT, nem sequer pelo facto de o Centro de Saúde não ter procedimentos internos para aferir se os resultados dos testes são efetivamente recebidos pelo Instituto.

Analise a situação descrita à luz do atual Regime Jurídico da Responsabilidade Civil do Estado e demais entidades públicas.

Nº 6

Luís pretende instaurar uma ação de responsabilidade contra o Estado Português para o pagamento da quantia de 2 milhões de euros. Para o efeito, invoca que o direito de que é titular, o direito de exploração da pedreira X, devidamente licenciada pela Direção-Geral de Geologia e Minas desde 1984, foi afetado pelo despacho Y/2014 do Diretor-Geral das Florestas, que indefere o pedido que apresentou para proceder ao derrube de sobreiros na zona envolvente da pedreira, uma vez que se trata de uma espécie protegida.

Luís argumenta que sem o derrube dos sobreiros a pedreira perde viabilidade económica, não sendo possível proceder à sua expansão, pelo que o indeferimento do pedido de abate dos sobreiros impede-o de exercer os seus direitos de exploração da pedreira, contidos na licença.

QUID IURIS?

Exemplos de Temas para trabalhos e discussão oral

Tema 1: Os princípios conformadores da atividade administrativa

Tema 2: A "revolução" das fontes do Direito Administrativo

Tema 3: O âmbito de aplicação do Código do Procedimento Administrativo

Tema 4: Procedimento Administrativo e Democratização da Administração

Tema 5: A Atividade administrativa informal

Tema 6: A influência do direito europeu nas opções do Código do Procedimento Administrativo

Tema 7: A atividade administrativa na era da transição digital: riscos e desafios

Tema 8: A inexistência como desvalor jurídico

Tema 9: O princípio do aproveitamento do ato administrativo

Tema 10: O regime das invalidades regulamentares

Tema 11: Os recursos administrativos especiais

Tema 12: A anulação e a revogação administrativas

Tema 13: O paradigma (perdido?) do privilégio da execução prévia

Tema 14: Os procedimentos administrativos especiais

Tema 15: A Contratação Pública Verde, Social e Circular

Tema 16: O Regime da Responsabilidade Civil Extracontratual do Estado e das Demais Entidades Públicas – work in progress?

Parte III

Direito Processual Administrativo

– 2.º semestre –

Direito Processual Administrativo

2º Semestre

Programa sucinto da disciplina

1. A Justiça Administrativa: a. contextualização **b.** evolução do modelo de justiça administrativa; **c.** delimitação funcional e material.

2. A Jurisdição Administrativa: a. O âmbito da jurisdição administrativa; **b.** órgãos da jurisdição administrativa; **c.** regras de competência.

3. O Contencioso administrativo declaratório: a. forma processual e tipo de ações; **b.** a nova ação administrativa (em particular, relativa a contratos; responsabilidade civil; prática ou omissão de atos administrativos; e prática ou omissão de disposições normativas); **c.** os princípios do processo administrativo e a tramitação da ação administrativa.

4. O Contencioso administrativo urgente: a. o modelo da tutela de urgência e os processos principais urgentes; **b.** ações cautelares.

5. Recursos jurisdicionais: **a.** recursos ordinários; **b.** recursos excecionais.

6. O Contencioso administrativo de execução

7. Meios de Resolução Alternativa de Litígios

Bibliografia Obrigatória:

Isabel Celeste M. Fonseca – *Curso teórico-prático de Direito Processual Administrativo,* 3ª edição, Coimbra: Almedina, 2023.

Bibliografia Principal

Diogo Freitas do Amaral/Mário Aroso de Almeida, *Grandes Linhas da Reforma do Contencioso Administrativo,* 3ª edição (reimp.), Coimbra: Almedinda, 2007.

Isabel Celeste Fonseca – *Processo temporalmente Justo e Urgência,* Coimbra: Coimbra Editora, 2009.

José Carlos Vieira de Andrade – *A Justiça Administrativa (Lições),* 19ª edição, Coimbra: Almedina, 2021.

José Manuel Sérvulo Correia – *Direito do Contencioso Administrativo,* I vol., Lisboa: Lex, 2005.

Luís Filipe Colaço Antunes, *A Teoria do Acto e a Justiça administrativa – O Novo Contrato Natural,* Coimbra: Almedina, 2015.

Maria da Glória Garcia, *Da Justiça Administrativa em Portugal: sua origem e evolução,* Lisboa: UCP Editora, 1994.

Mário Aroso de Almeida – *Manual de Processo Administrativo,* 5ª edição, Coimbra: Almedina, 2021.

Bibliografia Complementar e Jurisprudência – vd. as indicações em cada aula do Curso

TEXTOS PARA COMENTAR E/OU TEMAS PARA DESENVOLVER

Nº 1

Comente o seguinte excerto: *«O ponto de partida para precisar qual é o conteúdo das sentenças a proferir na ação de condenação à prática do ato legalmente devido é o princípio da separação e interdependência de poderes, por força do qual aos tribunais administrativos só cumpre dizer e aplicar o direito, devendo deixar intocado o espaço próprio que corresponde ao exercício de poder discricionário por parte da administração. Ainda como ponto de partida, mas, agora, por outro lado, cumpre ter presente que os tribunais devem dizer e aplicar o direito em toda a extensão, pelo que ao tribunal cumpre determinar todas as vinculações a observar pela administração na emissão do ato devido».*

Nº 2

«O atual art. 55º é um dos artigos do Código de Processo nos Tribunais Administrativos que mais espelha o quanto o legislador vem, ao longo do tempo, procurando combinar, na lei processual administrativa, o melhor dos sistemas subjetivista e objetivista».

Nº 3

Comente a seguinte afirmação: *«O Ministério Público intervém no contencioso administrativo como verdadeiro sujeito processual».*

Nº 4

Comente o seguinte excerto: *«Da jurisprudência ditada pelo Tribunal Constitucional, a propósito do artigo 20º da CRP e das dimensões garantísticas («subdireitos» ou «sub-princípios») que este preceito de conteúdo tão rico encerra, resulta um apelo à previsão legal de um tempo certo no processo, que deve ser aferido tanto do ponto de vista das partes como do tribunal, em ordem a alcançar-se o acerto na decisão. Aliás, não é por mero acaso que, de entre as garantias processuais que o direito de acesso aos tribunais inclui, o TC destaque o direito ao processo justo. Também neste domínio se faz sentir a influência do Direito Processual Europeu».*

Nº 5

Comente o seguinte excerto: *«São muitos os exemplos de como a urgencialização passou a ser um dos traços da justiça administrativa. Na verdade, tal não surpreende. O fenómeno da urgencialização é típico de uma sociedade tardo-moderna, que vive na incerteza e radicaliza a sua relação com o tempo. A eternização do presente e a desvalorização do futuro são manifestações de uma sociedade de risco (ou de uma sociedade-da-urgência). Nela tudo é urgente e o tempo passa a elemento essencial do processo. Percebe-se, assim, que o processo administrativo volte a estar no centro de uma renovada discussão em torno da sua relação com as diferentes dimensões do tempo: la durée (que apela ao respeito por todas as garantias do due process of law) e o instantâneo (que impõe a realização de uma justiça em tempo real)».*

Nº 6

Comente o seguinte excerto: «*Um outro plano onde, por certo, se registarão desenvolvimentos movidos por dados não inteiramente imagináveis nos nossos dias é o da relação entre processo e procedimento administrativo. Será que se vai afirmar um clima de desvalorização do procedimento graças quer à reparabilidade, no âmbito do processo, dos vícios de procedimento e forma, quer à tendência para repetir a instrução no processo, quer à multiplicação das suspensões jurisdicionais de procedimentos e de injunções dos tribunais sobre o modo de conduzir o procedimento, quer ainda à substituição da administração pelo juiz na efectivação de valorações e ponderações?*».

Nº 7

Comente o seguinte excerto: «*Deve entender-se, a partir do artigo 212º, nº 3, da Constituição da República Portuguesa, que as questões relativas a qualquer atividade em matéria administrativa, mesmo que proveniente de entidades não administrativas, integram substancialmente a justiça administrativa, sem prejuízo de a lei as poder atribuir a outra ordem judicial*».

Nº 8

Comente o seguinte excerto: «*Parece indiscutível que a constitucionalização da jurisdição administrativa exprime uma clara opção no sentido da valorização da justiça administrativa, que pela primeira vez é tratada como jurisdição de corpo inteiro, formalmente colocada em posição de paridade com a jurisdição dos tribunais judiciais: confronte-se, nesse sentido, o teor dos artigos 210º e 212º da CRP (...). Desta opção constitucional decorrem, quanto a nós, diversas consequências do maior alcance, umas mais óbvias que outras. (...). A opção constitucional em análise aponta claramente no sentido de que o âmbito da jurisdição administrativa não pode continuar a ser definido em termos residuais, como correspondendo à apreciação das questões cuja competência não seja atribuída por lei a outras ordens de tribunais, mas pela positiva*».

Nº 9

Comente o seguinte excerto: «*Com a publicação do Decreto-Lei nº 214-G/2015, de 2 de outubro, o ETAF veio acolher uma pequena parte das pretensões impugnatórias relativas a atos que sancionam as contraordenações:*

alínea l) do nº 1 do artigo 4º. A dogmática é unânime a considerar que juridicamente haveria razões para convocar de forma mais abrangente o juiz administrativo para estas questões. É certo, contudo, que quando se analisa pragmaticamente essa possibilidade, a mesma dogmática fala igualmente de uma "indesejabilidade prática". É caso para dizer que o coração quer, mas a razão não deixa».

Nº 10

Comente o seguinte excerto do Acórdão do Tribunal dos Conflitos de 27.09.2018, proc. 023/18, que versa sobre um concurso de infrações relativo à violação de normas em matéria urbanística com violação de normas de outros domínios que não o urbanístico, quanto à opção legislativa relativa àquela alínea l) do nº 1 do artigo 4º do ETAF:

«Normas em matéria urbanística são entendidas num âmbito que não abarca as regras relativas à ocupação, uso e transformação do solo (planos/instrumentos de gestão territorial), nem as regras relativas ao direito e política de solos, mas que inclui, mormente, as regras respeitantes à disciplina do direito administrativo da construção e à dos instrumentos de execução dos planos (por exemplo, reparcelamento, licenciamento e autorização de operações de loteamento urbano e de obras de urbanização e edificação), ficando excluídas, salvo expressa disposição em contrário, todas as impugnações contenciosas relativas aos demais domínios/matérias tipificados em sede de ilícito de mera ordenação social e, assim, por este abrangidos».

[Vd. também Acórdão do Tribunal de Conflitos de 3 de novembro de 2020, processo 047/19]

Nº 11

Comente: *«A remissão no nº 4 do art. 130º para o art. 128º do CPTA determina que no cenário da tutela cautelar relativa a normas se apresentem figuras já conhecidas e de alguma complexidade, como são "o efeito suspensivo automático", "a resolução fundamentada" e "a declaração de ineficácia dos atos de execução indevida". Nesse cenário, a complexidade destas figuras aumenta para o dobro, dobrando igualmente o risco de perda irreversível da tutela (efetiva) dos direitos e interesses que a norma suspendenda abarca". Em matéria de tutela cautelar perante normas administrativas ilegais não há a garantia, na verdade, de se alcançar uma tutela jurisdicional efetiva.*

Nº 12

«O tradicional contencioso português dos contratos públicos assentou em muitas antinomias, que se foram perpetuando no tempo. Ironicamente, as atuais são resultado de muitas alterações à lei processual administrativa introduzidas em tão pouco tempo. Vejamos, desde a primeira transposição da Diretiva Recursos nº 89/665/CCE, em 15-05-1998, até hoje, mais de cinco alterações foram acolhidas no contencioso relativo à formação dos contratos públicos, na tentativa de superar o que se vinha diagnosticando como sucessivo incumprimento do Direito da União Europeia. O caminho percorrido tem sido marcado por avanços e recuos».

Nº 13

«A negociação, a mediação, a conciliação e arbitragem, comumente designados como mecanismos de resolução alternativa de litígios – na tradução livre da expressão inglesa alternative dispute resolution (=ADR) – têm alcançado no domínio dos conflitos jurídico-administrativos um exponencial crescimento. E é disso prova o sucessivo reforço do quadro normativo que os prevê».

QUESTÕES E DISTINÇÕES

Nº 1

O que entende por "direito fundamental de acesso aos tribunais"?

Nº 2

Relacione o artigo 128º do CPTA com o princípio da tutela jurisdicional efetiva.

Nº 3

Em que se traduz o *princípio da estabilidade da instância?*

Nº 4

Distinga o seguinte conjunto de conceitos:

a. modelo administrativista/modelo judicialista;
b. legitimidade ativa/legitimidade passiva;
c. coligação/litisconsórcio;

Nº 5

Diga que competências são reconhecidas à secção do contencioso administrativo do STA.

Nº 6

Distinga o seguinte conjunto de conceitos:

a. ação de simples apreciação/ação de declaração;
b. forma da ação/causa de pedir;
c. pura omissão/indeferimento da pretensão;
d. recurso de revista/revisão de sentença;

Nº 7

Exponha os pressupostos e fundamentos da impugnação de normas, previsto no CPTA.

Nº 8

O que entende pela obrigatoriedade das decisões dos tribunais administrativos, postulada no artigo 158º CPTA?

Casos Práticos
Jurisdição Administrativa e Legitimidade Processual

Nº 1

Na sequência de um processo de contraordenação instaurado, o Vereador da Câmara Municipal de Esposende aplicou ao proprietário da *Disco* uma coima no montante de 500 Euros, uma vez que o mesmo não procedeu a obras de insonorização do seu estabelecimento de divertimento noturno. Neste contexto, tendo em conta que o tribunal administrativo de Braga se considerou incompetente para decidir sobre a ação impugnatória apresentada naquele tribunal pelo proprietário da *Disco*, **que comentário lhe merece esta decisão?**

Nº 2

Por aviso publicado na III Série do Diário da República, a ALGAR, *Valorização e Tratamento de Resíduos Sólidos, S.A.*, promoveu a abertura do concurso público internacional para «Construção de Infraestrutura e Aproveitamento Energético do Biogás produzido na Célula A do Aterro Sanitário do Barlavento», tendo o mesmo sido adjudicado posteriormente ao consórcio ACORIL/BBF, Lda./AMBITERMO, Lda.

Neste contexto, a CESPA, *Compañia Española de Serviços Públicos Auxiliares*, S.A., tendo sido preterida no mencionado concurso, recorreu aos tribunais administrativos com vista a obter a anulação do ato de adjudicação tendente à celebração daquele contrato público.

Diga, pois, em que termos se pode acolher a solução ditada pelo TAF de Loulé para o caso *sub judice*, segundo a qual a jurisdição administrativa é materialmente incompetente para decidir sobre este tipo de questões.

Nº 3

O Município de Caminha, com sede na Praça Conselheiro Torres, veio requerer contra a empresa ***Euroscut Norte S.A.*** o decretamento provisório de uma providência cautelar, traduzida na suspensão imediata da execução das obras do IC1, Viana do Castelo/Riba de Âncora e ligação a Vila Praia de Âncora, uma vez que as mesmas ameaçam lesar irreversivelmente direitos fundamentais das pessoas residentes, designadamente, o direito à saúde, ambiente e qualidade de vida. Como justificação, a autora invocou que a requerida, concessionária do Estado (através das Infraestruturas de Portugal), estaria a cometer graves irregularidades na execução dos trabalhos, incluindo a violação das medidas de minimização a que estava estritamente vinculada por força da Declaração de Impacto Ambiental (DIA) e do Relatório de Conformidade Ambiental do Projeto de Execução (RECAPE), pondo em risco a qualidade da água do rio Âncora e, consequentemente, pondo em causa o abastecimento regular de água ao concelho de Caminha.

Que tipo de legitimidade foi invocada pela entidade pública?

Nº 4

Diamantino dirigiu à Câmara Municipal do Fundão um requerimento a solicitar a emissão do cartão de vendedor ambulante, que lhe permitirá confecionar e vender no seu reboque refeições ligeiras, sandes, pregos, cachorros, bifanas e bebidas. Tendo em conta que o órgão autárquico não se pronunciou sobre o seu requerimento, e que nos termos do regulamento camarário, se deve considerar indeferida se não houver resposta ao requerimento no prazo de 30 dias úteis,

João recorreu ao tribunal para obter a condenação da câmara à prática de ato legalmente devido.

Tem legitimidade?

Nº 5

O Ministério Público, tendo tido conhecimento que algumas cláusulas do contrato de empreitada de «Conceção e Construção do Parque Empresarial do Estreito da Câmara de Lobos» não estavam a ser devidamente executadas pelo empreiteiro e que, em consequência desse não cumprimento, a qualidade de vida dos residentes naquela zona, seria seriamente lesada, veio pedir a condenação das partes a executarem integralmente o contrato celebrado.

Tem legitimidade para isso? E pode demandar ambas as partes contratuais?

Nº 6

Na sequência de uma ação que correu termos no 6º Juízo Cível de Lisboa, a *Alecarpeças* obteve a condenação da firma *João Gomes & Bessa-Peças e Acessórios*. Posteriormente, instaurou o processo de execução, no qual foram indicados para penhora bens móveis existentes no estabelecimento da devedora. E, para a efetivação da penhora, foi solicitada a expedição de uma carta precatória, que só veio a ser cumprida um ano após a sua expedição, facto tal que impossibilitou a concretização da mesma, uma vez que a executada já não exercia a sua atividade naquele local, não podendo nesta altura ser penhorado qualquer bem.

Neste contexto, a *Alecarpeças* veio propor uma ação sobre responsabilidade do Estado por deficiente funcionamento dos serviços judiciais, invocando como causa de pedir a prática de facto ilícito culposo, consubstanciado na conduta funcional omissa dos serviços do tribunal deprecado, por não terem cumprido a carta precatória dentro do prazo fixado na lei para o efeito ou dentro do prazo razoável.

Tendo em conta o exposto, **diga se concorda com a posição do Tribunal Administrativo de Círculo de Lisboa** segundo a qual *«a jurisdição administrativa só é competente para decidir sobre certas ações de responsabilidade civil extracontratual do Estado resultante do exercício da função jurisdicional e esta não configura uma dessas situações»*.

Nº 7

Diga se a Adega Cooperativa de Ponte de Lima, CRL, será bem sucedida na Ação Administrativa que pretende intentar hoje no TAF de Braga contra a Comissão de Viticultura da Região dos Vinhos Verdes, solicitando a respetiva condenação no pagamento de 1 milhão de Euros a título de indemnização por danos patrimoniais e não patrimoniais com fundamento no facto de a ré não ter realizado, durante o ano de 2017, as análises aos seus vinhos com o rigor necessário a detetar a presença de corantes sintéticos, sendo certo que deste facto resultou a perda de genuinidade e qualidade do vinho e a consequente perda do respetivo valor comercial e a dificuldade de escoamento da produção e diminuição da faturação, durante os anos de 2018 e 2019.

Nº 8

Por aviso publicado na III Série do DR, foi aberto concurso público para realização de uma empreitada de ampliação e restauro das instalações de uma Instituição Particular de Solidariedade Social (= IPSS), ao qual se apresentaram duas empresas do ramo.

Posteriormente, o Conselho Diretivo daquela entidade privada, veio excluir a proposta de um dos concorrentes por ter apresentado «os valores de quartil inferior aos previstos na lei».

A seguir adjudicou e decidiu celebrar o contrato com a empresa menos conhecida no mercado.

Neste contexto, tendo o candidato preterido recorrido aos tribunais administrativos com vista a obter a invalidade daquele contrato, **diga em que termos se pode acolher a solução ditada pelo Supremo Tribunal Administrativo para o caso *sub judice*, segundo a qual a jurisdição administrativa é materialmente incompetente para decidir sobre aquele tipo de questões.**

Nº 9

Em 28 de Outubro de 2017, a Câmara Municipal de Setúbal – Departamento de Administração Geral, Finanças e Recursos Humanos Divisão de Fiscalização e Apoio Jurídico – Secção de Contraordenações e Execuções Fiscais, proferiu, no processo de contraordenação nº 351/COM/2017, a decisão de aplicar à Arguida, Empresa X, Lda, com sede em Setúbal, uma coima de 3.000 €, porquanto numa das suas obras, a ficha de resíduos de construção e demolição não se encontrava no local onde se realizava a obra, anexa ao livro de obra para o registo de dados de resíduos de construção e demolição, conforme legalmente exigível.

A contraordenação está prevista na alínea l), do nº 1, do artigo 98º do Decreto-Lei nº 555/99, de 16 de Dezembro e alínea c) do nº 3 do artigo 18º do Decreto-Lei nº 46/2008, de 12 de março, punível nos termos da alínea b), do nº 2, do artigo 22º da Lei Quadro das Contraordenações Ambientais.

A Empresa X, Lda, notificada da decisão da Câmara Municipal de Setúbal naquele processo de contraordenação, impugnou aquele despacho, invocando a revogação do mesmo por falta de fundamento legal, tendo dirigido a sua pretensão ao Tribunal Judicial da Comarca de Setúbal, Juízo Local Criminal.

Imagine que o Tribunal Judicial proferiu despacho a julgar-se incompetente nos seguintes termos: "por força do art. 15º, nº 5, do DL nº 214-G/2015, de 2/10, a actual redacção do art. 4º, nº 1, al. l), do ETAF atribuiu aos tribunais da jurisdição administrativa e fiscal a competência para apreciação das impugnações judiciais de decisões da Administração Pública que apliquem coimas no âmbito do ilícito de mera ordenação social por violação de normas de direito administrativo em matéria de urbanismo, pelo que são os tribunais da jurisdição administrativa os competentes para apreciar o presente recurso de impugnação judicial e não os tribunais comuns (art. 4º, nº 1, al. l), do ETAF, na redacção do DL nº 214-G/2015)".

QUID IURIS?

(Vd. também Acórdão do Tribunal de Conflitos de 3 de Novembro de 2020, Processo 047/19).

Nº 10

Diga se os seguintes litígios devem ser julgados na jurisdição administrativa e, em caso afirmativo, identifique o tribunal competente:

1. António pretende intentar ação de responsabilidade civil por erro judiciário cometido por um juiz do Tribunal Administrativo e Fiscal de Braga.

2. Bernardo pretende lançar mão de uma Intimação para Proteção de Direitos, Liberdades e Garantias, requerendo que o juiz obrigue o Estado português a respeitar o seu direito fundamental de livre circulação e locomoção no território nacional. Para o efeito, alega que as disposições normativas do Governo que, no âmbito da Pandemia Covid-19, proíbem a circulação entre concelhos, ferem tal direito fundamental e padecem de inconstitucionalidade orgânica.

3. Maria pretende impugnar as normais legais que regulam a taxa de desconto para a Segurança Social, com fundamento na sua inconstitucionalidade.

4. Filipe, residente em Braga, estudante da Faculdade de Ciências da Universidade de Aveiro, pretende reagir contra o Regulamento de Funcionamento da Biblioteca da Faculdade, na medida em esta apenas está aberta até as 19h, tal constituindo uma limitação ao seu direito fundamental ao ensino.

5. Beatriz pretende reagir contra a deliberação do Conselho Geral do Agrupamento de Escolas de Gualtar, que determinou a eleição de Gregório para o cargo de Diretor do Agrupamento.

E se, tendo o Juiz do Tribunal *a quo* julgado improcedente o pedido, Beatriz quisesse recorrer desta decisão?

6. António pretende impugnar a decisão do Presidente da Câmara Municipal de Braga que lhe aplica uma coima pela violação do Regulamento Municipal sobre Publicidade, por manter afixada publicidade alusiva ao seu estabelecimento sem que possuísse para o efeito licença administrativa, o que constitui contraordenação prevista e punida por aquele Regulamento.

7. A Transportadora Sousa e Filhos pretende demandar o Município de Penafiel, com vista a obter a sua condenação no pagamento de uma indemnização no valor de 20.000 euros por danos causados a um veículo automóvel pesado de mercadorias, de que é proprietária. Para tal, invoca que o dano, ocorrido no passado mês de janeiro, quando o veículo passava na ponte sobre a Ribeira da Camba (rede viária municipal), se ficou a dever à falta de obras de manutenção e à ausência de efetiva sinalização que proibisse a circulação naquela via, dado o mau estado da ponte municipal.

8. A Associação Nacional de Médicos de Saúde Pública pretende obter a declaração de ilegalidade com força obrigatória geral de uma norma constante da Resolução do Conselho de Ministros X/2021.

9. Benilde, trabalhadora afeta aos serviços do Instituto da Habitação e Reabilitação Urbana, I.P., com vínculo na modalidade de contrato individual de trabalho, pretende reagir contra a decisão de despedimento de que foi alvo.

10. Bernardo, residente em Mirandela, pretende impugnar o ato de declaração de utilidade pública, inserido no âmbito de um procedimento de expropriação, praticado pelo Município de Penacova em relação a um imóvel sito nesse município, bem como contestar o valor da indemnização que lhe foi atribuída na sequência da referida expropriação.

11. José, residente em Torres Vedras, não se conforma com o facto de o executivo camarário ter decidido na reunião ordinária do passado mês de fevereiro atribuir a Gasparino, seu rival, uma medalha de mérito municipal pela sua dedicação ímpar na promoção das tradições locais, designadamente na divulgação e promoção do Carnaval de Torres Vedras, pretendendo reagir jurisdicionalmente, invocando a violação do princípio da imparcialidade, uma vez que Gasparino é casado com uma das Vereadoras municipais.

12. Por aviso publicado na III Série do Diário da República, a ALGAR, Valorização e Tratamento de Resíduos Sólidos, S.A., com sede em Almancil (Loulé), promoveu a abertura do concurso público internacional para «Construção de Infraestrutura e Aproveitamento Energético do Biogás produzido na Célula A do Aterro Sanitário do Barlavento» em Portimão, tendo o mesmo sido adjudicado posteriormente ao consórcio ACORIL/BBF, Lda./AMBITERMO, Lda. Neste contexto, a CESPA, Compañia Española de Serviços Públicos Auxiliares, S.A., tendo sido preterida no mencionado concurso, pretende obter a anulação do ato de adjudicação tendente à celebração daquele contrato público.

13. António, emigrante português na África do Sul, pretende a condenação do Banco XYZ, SA, da Senhora A., do Banco WXX, SA, do Fundo de Resolução, do Banco de Portugal e da Comissão de Mercado de Valores Mobiliários (CMVM) ao pagamento de uma quantia em dinheiro e respetivos juros, bem como valor não concretizado por danos patrimoniais. Para o efeito, considera que:

- Na sua relação contratual com o Banco XYZ, este violou os seus deveres para com ele, seu cliente, desde logo não observando obrigações decorrentes da atividade de intermediação, sendo que tanto o Banco como a Senhora A., sua funcionária, usaram o seu dinheiro à revelia das suas instruções, em produtos de alto risco, havendo António sido por eles enganado e vindo a ficar privado dos seus fundos;
- O Banco XYZ foi alvo de uma medida de resolução pelo Banco de Portugal, sendo criado o Banco WXX cujo capital social é inteiramente detido pelo Fundo de Resolução, muito embora tal haja sido antecedido de declarações públicas do Banco de

Portugal de confiança na manutenção da solvabilidade e estabilidade do Banco XYZ;

- O incumprimento dos deveres de supervisão que nos termos da lei cabem ao Banco de Portugal e à CMVM deverá resultar na sua corresponsabilidade na obrigação de devolução dos montantes investidos recorrendo aos montantes sob tutela do Fundo de Resolução.

Casos Práticos
Contencioso Administrativo Declaratório (Meios Processuais Principais)

Nº 1

A Câmara Municipal de Armamar publicitou na respetiva página institucional o início de um procedimento com vista à emissão de um regulamento que disciplinará a organização e o funcionamento da sua Biblioteca Municipal.

Depois de elaborado o projeto de regulamento, o mesmo foi sujeito a consulta pública, uma vez que os utentes da Biblioteca Municipal teriam interesse em pronunciar-se, tendo sido devidamente publicitado.

O projeto do Regulamento, que contém igualmente a devida nota justificativa, dispõe o seguinte:

1. *A Biblioteca Municipal está aberta todos os dias, das 09:00 às 17:00 e das 17:00 às 22:00.*
2. *A entrada é gratuita, sendo cobrada uma taxa de utilização da internet, no valor de € 1/dia. O pagamento da taxa é dispensado aos estudantes e aos aposentados.*
3. *É vedada a entrada de pessoas com animais.*
4. *De entre os trabalhadores em funções públicas afetos aos serviços do Casa-Museu, António Pires e Ana Pires passam a exercer funções na Biblioteca Municipal. (...)*

O casal Pires, tendo tido conhecimento da aprovação do regulamento, sente-se perseguido e recorreu aos tribunais, alegando violação do direito à audiência prévia!

Nesse contexto, questiona-se:

1. **A natureza jurídica da atuação administrativa;**
2. **A pertinência da alegação do casal Pires;**
3. **Aspetos relativos à ação judicial para reagir à estatuição constante do nº 4 do regulamento:**
   a. **Pretensões e meios de reação judicial;**
   b. **Tribunal competente;**
   c. **Legitimidade ativa e passiva;**
   d. **Valor da ação e patrocínio;**

Nº 2

Na sequência de uma participação apresentada por António, o Presidente do Conselho de Deontologia do Porto da Ordem dos Advogados decidiu instaurar um procedimento disciplinar contra Berta, advogada, residente e com domicílio profissional em Braga. Finda a fase da instrução (e na sequência do despacho de acusação proferido pelo relator), **o Conselho de Deontologia deliberou aplicar a Berta uma pena disciplinar de multa no valor** de € 17 000,00, tendo ainda determinado que à mesma fosse dada publicidade imediata pelas vias previstas no Estatuto.

Berta, inconformada, **pretende impugnar aquela decisão**, alegando que a pena é manifestamente exagerada e que não foram tidas em conta as circunstâncias atenuantes, designadamente, o facto de exercer advocacia há 20 anos, sem qualquer sanção disciplinar.

Neste contexto, mencione, justificando legal e doutrinalmente:

1. Qual é meio processual adequado a obter a satisfação de tal pretensão;
2. Considerando que Berta foi notificada da decisão em 10 de março de 2019, diga se é possível propor a ação hoje.
3. Imagine que Berta impugnou aquela decisão junto do bastonário e ainda não obteve resposta. ***QUID IURIS?***

Nº 3

Clara, residente em Leiria, obteve recentemente o grau de Doutora em Direito na Faculdade de Direito da Universidade de Coimbra, instituição onde exerce funções docentes desde setembro de 2006. Na sequência da obtenção do referido grau, Clara pediu ao Conselho Distrital de Coimbra da Ordem dos Advogados a sua inscrição como advogada, com dispensa de realização do estágio e do exame final de avaliação e agregação, ao abrigo das normas do **artigo 192º, nº 2, do Estatuto da Ordem dos Advogados e do artigo 12º, nº 1, do Regulamento de Inscrição (nos termos das referidas normas, os Doutores em Ciências Jurídicas, com efetivo exercício da docência, podem ser inscritos como advogados sem necessidade de realizar o estágio e o exame final).**

Após ter sido notificada da **decisão de indeferimento** do seu pedido e por considerar que a mesma se encontra ferida de ilegalidade (designadamente, por pôr em causa a sua liberdade de acesso à profissão), **Clara pretende recorrer aos tribunais administrativos com vista a obter a satisfação da sua pretensão. QUID IURIS?**

Nº 4

Ana, aluna do 3º ano do Curso de Psicologia da UM, tendo tido conhecimento da decisão do Conselho Disciplinar do Senado Universitário daquela Universidade, na qual propõe a suspensão da frequência das aulas pelo período de dois meses, veio intentar contra a **UM** uma ação processual.

Na realidade, **Ana**, não obstante confessar ter realizado uma fraude no exame da disciplina de Fundamentos de Estatística em Psicologia, já que propositadamente assinou a prova que pertencia a outra colega, considera a proposta de sanção excessiva. E, por isso, **veio impugná-la,** mesmo sem aguardar a decisão do Magnífico Reitor da Universidade do Minho.

QUID IURIS?

Nº 5

A Transportadora Sousa e Filhos pretende demandar hoje o Município de Penafiel com vista a obter a sua condenação no pagamento de uma indemnização no valor de 20 000 Euros por danos causados a um veículo automóvel pesado de mercadorias, de que é proprietária. Para tal, a autora vem invocar que o dano, que ocorreu em 10.03.2019, quando o veículo passava na ponte sobre a Ribeira da Camba (rede viária municipal), se ficou a dever à falta de obras de manutenção e à ausência de sinalização que proibisse a circulação naquela via. Em consequência do acidente, o veículo ficou parcialmente destruído, resultando a sua imobilização durante 10 dias.

Pronuncie-se sobre a ação processual de que aquela entidade deve lançar mão para obter a satisfação da sua pretensão (incluindo a forma da ação), sobre a legitimidade de ambas as partes, sobre o tribunal competente. Não deixe de se pronunciar sobre a tempestividade da ação.

Nº 6

António, profissional de contabilidade há mais de 10 anos, requereu a sua inscrição na **Ordem dos Técnicos Oficiais de Contas (OTOC)**. Nesta sequência, a OTOC considerou que aquele não preenchia os pressupostos fixados nos artigos 3º e 5º do Regulamento da OTOC que pormenoriza os requisitos de acesso à profissão. **António**, considerando-se lesado, pretende recorrer aos tribunais para obter a tutela jurisdicional dos seus direitos, *maxime,* a intimação da Câmara a agregá-lo à Ordem, devendo reconhecer-lhe a titularidade das qualidades necessárias ao pleno exercício da profissão de técnico oficial de contas.

1. Neste contexto, **mencione, justificando legal e doutrinalmente, qual é a ação adequada para realizar as pretensões jurídicas de António.** Para este efeito, tenha em atenção que

as pretensões de **António** envolvem tanto a decisão daquela entidade como a condenação à reparação de danos emergentes para **António** daquela atuação administrativa ilegal. **Que tipo de consequências decorrem para o andamento do processo, se o tribunal considerar que há uma cumulação ilegal de pedidos?**

2. **António**, considerando que aqueles preceitos do Regulamento contrariam o quadro legal existente e padecem de várias ilegalidades, pretende recorrer aos tribunais administrativos para obter a tutela jurisdicional efetiva dos seus direitos e interesses legalmente protegidos, *maxime* a declaração de invalidade daquelas normas. **Qual é a ação adequada para realizar tal pretensão? E qual é o tribunal competente para a apreciar?**

Nº 7

Por decisão de 01.04.2019, o Diretor Regional de Educação do Norte aplicou a pena de suspensão, graduada em 60 dias, a **ANTÓNIO**, docente da *Escola Secundária de Maximinos* (Braga), tendo ficado provado no respetivo processo disciplinar que o mesmo dispensava tratamento de favor a determinadas pessoas. Nesta sequência, **ANTÓNIO**, invocando várias ilegalidades, incluindo a falta de fundamentação daquela decisão e o silêncio do conselho executivo sobre o pedido de suspeição do instrutor do processo, pretende recorrer daquela decisão.

Neste contexto, justificando, mencione:

1. Se **ANTÓNIO** ainda pode impugnar agora aquela decisão nos tribunais administrativos. Para o efeito, considere que o mesmo dirigiu um pedido de reapreciação da pena ao Ministro da Educação, já que a lei assim o impunha, mas, até hoje, nunca obteve qualquer resposta.
2. Qual a ação adequada para realizar a tutela judicial de **ANTÓNIO**? Diga se a ação que indicou também é adequada para rea-

lizar o pedido de condenação da Administração à reparação de danos emergentes daquela atuação ilegal.

Nº 8

Félix, Professor Catedrático da Escola de Economia e Gestão da Universidade do Minho, foi hoje notificado da decisão da Comissão Eleitoral que não admitiu a sua candidatura ao cargo de Presidente da Escola. Não se conformando com tal decisão e pretendendo impugná-la junto do tribunal competente, **Félix pretende ser esclarecido quanto aos seguintes pontos:**

1. O meio processual adequado;
2. O prazo para a propositura da ação;
3. O prazo para contestar;

Imagine agora, numa hipótese autónoma, que Félix havia sido admitido e pretendia reagir à admissão da candidatura de Zulmira, por entender que a mesma não preenche os requisitos previstos nos estatutos.

QUID IURIS?

Nº 9

António e **Manuel**, concorrentes qualificados respetivamente em primeiro e segundo lugares num concurso para duas vagas existentes no quadro de um Instituto Público, face à demora de mais de 3 meses na respetiva nomeação, vieram requerê-la à entidade competente, não tendo, contudo, obtido qualquer resposta.

Nesta sequência, **António**, atento ao quadro legal existente que preceitua que *«é obrigatória a nomeação dos candidatos aprovados em concurso para os quais existam vagas que tenham sido postas a concurso»*, pretende recorrer aos tribunais administrativos com vista a obter a tutela jurisdicional efetiva da sua pretensão.

Neste contexto, mencione, justificando legal e doutrinalmente:

1. Que ação processual lhe indicaria como adequada para obter a satisfação de tal pretensão. Precise prazos e tribunal competente.
2. Em que posição situaria **Manuel** nesse mesmo cenário processual que configurou para **António.**
3. Mencione qual é o limite dos poderes de condenação do tribunal no caso concreto.

Nº 10

Por anúncio publicado em 15/10/2018, na 2ª série do Diário da República, o Município de Matosinhos lançou um concurso público internacional para a prestação de serviços para o fornecimento de refeições em refeitórios escolares dos jardins-de-infância e escolas do 1º ciclo do ensino básico do Concelho de Matosinhos. Ao referido concurso apresentaram-se 5 candidatos, e a adjudicação foi efetuada, no dia 1 de abril de 2018, à sociedade «Barriga Cheia, Lda.», com sede em Montalegre.

Tendo sido notificada de tal decisão, a empresa «Comes e bebes, Lda.» (que também havia sido admitida ao concurso), com sede em Lagos, pretende impugná-la por considerar que a proposta que apresentou, apesar de ter um preço idêntico ao da escolhida, apresenta-se indiscutivelmente melhor na relação qualidade-preço, bastando considerar a variedade do cardápio e a origem dos produtos.

Tendo presente que o critério de adjudicação estabelecido no programa do concurso assenta nos seguintes fatores (e subfactores) – preço (50%); valia técnica da proposta (10%); acolhimento no cardápio de produtos biológicos resultantes de agricultura sustentável (20%) e ser empresa promotora de inclusão de trabalhadores imigrantes (20%) – **pronuncie-se sobre:**

1. Validade da adjudicação;

2. Meio processual adequado para impugnar as peças do procedimento;
3. Meio processual adequado para que a candidata preterida «Comes e bebes, Lda.» possa reagir com efetividade à decisão de adjudicação.

Nº 11

Imagine que a **SIC**, Sociedade de Comunicação, S.A, requereu à Entidade Reguladora para a Comunicação Social a renovação de licença para o exercício da atividade de radiodifusão televisiva, tendo-o feito nos termos dos artigos 2º e 4º, nºs 3 e 4 do Decreto-Lei nº 237/98, de 5 de Agosto, que preceitua que renovação da licença de atividade de âmbito nacional, que é concedida pelo prazo de 15 anos e renovável por igual período, depende de requerimento a apresentar pelo interessado com a antecedência mínima de um ano em relação ao termo do respetivo prazo de vigência.

Neste contexto, considerando que se esgotou o prazo legal para decidir sem que a ERCS tenha decidido expressamente, **diga se os tribunais administrativos são competentes para apreciar esta questão e se a Ação Administrativa é o meio adequado para a SIC obter a condenação da ré à prática de atos que titulem a respetiva licença.**

Nº 12

Pelo aviso nº 14383-A/2020 publicado no DR de 23.11.2020, foi aberto procedimento concursal anual de ingresso no internato médico de 2021-2022.

João, licenciado em medicina, apresentou na Administração Nacional de Saúde, IP, (ANS, IP), em 27.11.2020, a sua candidatura.

Em dezembro de 2020 foi publicada na página eletrónica da ANS, IP. a lista provisória de candidatos admitidos, que são 45, e excluídos, da qual consta João, a par de outros.

Por deliberação do Conselho Diretivo da ANS, IP, datada de 29.03.2021, foi aprovada a lista definitiva de candidatos admitidos e excluídos ao procedimento concursal de ingresso no internato médico de 2021-2022, da qual consta que o candidato João foi excluído com o fundamento no "não cumprimento do requisito de idade igual ou inferior a 30 anos".

Neste contexto:

João, considerando que o procedimento padece de diversas ilegalidades, incluindo a inconstitucionalidade da norma da portaria que fixa os requisitos de acesso ao concurso, uma vez que traduz uma restrição desproporcional do direito fundamental de acesso e escolha livre de profissão, e que a deliberação final do Conselho Diretivo da ANS, IP, é inválida, diga como deve João reagir judicialmente, de modo a assegurar o seu ingresso no internato médico de 2021-2022.

Considere para o efeito que o Regulamento do Internato Médico prevê o seguinte:

1. *"Os candidatos excluídos podem recorrer, no prazo de cinco dias úteis, a contar da publicação da lista definitiva, para o Ministro da Saúde.*
2. *"Os candidatos admitidos serão convocados para a realização da prova nacional de acesso, agendada para o dia 29.04.2021".*

Nº 13

Justino foi notificado dos seguintes atos:

1. Um datado de 13.12.2019: "Considerando que, de acordo como o alvará de autorização de utilização, a edificação propriedade de Justino Lopes apenas pode ser utilizada para a habitação, e que de acordo com a informação dos fiscais municipais, a garagem se encontra a ser utilizada como estabelecimento de restauração e bebidas, determino, ao abrigo da al. g) do nº 2 do artigo 102º, do Regime Jurídico da Urbanização e Edificação (= RJUE), a cessação da utilização da moradia".

2. Outro datado de 03.01.2020: "Determino a aplicação de coima única, nos termos do art. 19º do Regime Geral das Contraordenações, no montante de 4.000,00 (quatro mil euros), pela violação do nº 5 do art. 4º do RJUE, por manter aberto e em funcionamento um estabelecimento de restauração e bebidas sem que possuísse autorização de utilização, o que constitui uma contraordenação prevista na al. d) do nº 1 e punida pelo nº 4 todos do art. 98º do RGC", e pela violação do nº 1 do art. 24º do Regulamento Municipal sobre Publicidade de Ribeira Brava por manter afixada publicidade alusiva ao estabelecimento sem que para o efeito possuísse licença administrativa, o que constitui contraordenação prevista e punida pela al. d) do nº 1 e pelo nº 5 todos do art. 57º daquele Regulamento".

Considere que Justino não se conforma com estas decisões, uma vez que, em seu entender, são inválidas. Afinal, nunca fora ouvido antes de as mesmas serem proferidas, sendo certo que, somando a esta particular razão de descontentamento, acrescenta o facto de serem decisões excessivamente lesivas, já que na moradia residem familiares seus. Justino pretende reagir contenciosamente, mas nem sabe qual o tribunal competente.

QUID IURIS?

Nº 14

Pelo aviso nº 14383-A/2020 publicado no DR de 23.01.2020, foi aberto procedimento concursal para preenchimento de uma vaga na categoria de Professor Associado na Escola de Artes da Universidade de Beiras Interiores.

Benedito apresentou em 27.03.2020 a sua candidatura, com mais 2 candidatos.

Por deliberação do Júri de concurso datada de 29.03.2021, foi aprovada a lista definitiva de candidatos admitidos e excluídos ao procedimento concursal e Benedito figura nela em 2º lugar, não tendo direito ao preenchimento da vaga. Pedro foi nomeado Professor Associado e iniciou funções.

Imagine que Benedito, considerando ser titular de um CV cientificamente muito mais rico do que o de Pedro, pretende reagir judicialmente contra aquela decisão, com fundamento em invalidades procedimentais e de conteúdo.

Pronuncie-se sobre a sua intenção de recorrer aos tribunais administrativos, à luz das possibilidades de sucesso.

Nº 15

António pretende intentar ação contra o Hospital, E.P.E., no qual exercia funções, pretendendo a anulação da deliberação do Conselho de Administração do Hospital que havia nomeado Maria como Diretora do Serviço de Otorrinolaringologia.

Tendo invocado que o mesmo é ilegal – porquanto "a lei obriga a que a decisão de nomeação de um assistente graduado, havendo um chefe de serviço, que assim é afastado, seja fundamentada com os motivos da não escolha deste" –, António solicita a anulação daquele ato.

Neste sentido, diga quais os mecanismos judiciais adequados para fazer valer a pretensão de António. E refira-se aos respetivos pressupostos processuais.

Nº 16

Por despacho do Secretário de Estado da Saúde de 10-03-2021, foi homologada a lista definitiva de ordenação final de um procedimento concursal com vista à ocupação de um posto de trabalho para os quadros centrais, na modalidade de contrato de trabalho em funções públicas, por tempo indeterminado, na carreira de Técnico Superior.

Suponha que, a 02-05-2021, Macarena intentou no Tribunal Administrativo de Círculo de Lisboa uma ação administrativa, na qual formulou os seguintes pedidos: 1. Declaração de nulidade ou, se assim não se entender, a anulação do despacho do Secretário de Estado que homologa a lista definitiva de ordenação; 2. Condenação das entidades demandadas no pagamento à Autora de uma indemnização no valor de € 10000,00, a título de danos morais, causados por ato ilegal; 3. Condenação do Ministério ao pagamento à Autora do trabalho suplementar por si realizado, nos meses de janeiro de fevereiro de 2021, no âmbito de apoio ao Centro de Vacinação COVID19 de Lisboa (ParqueExpo).

Na contestação, o Ministério vem invocar que a cumulação de pedidos é ilegal.

QUID IURIS?

Nº 17

António, titular do alvará de licença de obras de construção nº 830/21, foi notificado do despacho do Vereador do Urbanismo de Vila Verde, que lhe "ordena para proceder à demolição de todas as obras executadas sem licenciamento municipal e em desconformidade com o projeto aprovado (incluindo todos os muros e anexos ao edificado)". Do mesmo despacho consta ainda a informação de que a "demolição deve ser realizada no prazo de 10 dias úteis, sob pena de a Câmara Municipal o fazer a expensas do infrator, nos termos do Regime Jurídico da Urbanização e Edificação".

Na mesma altura, António foi notificado do despacho emitido uma semana depois pelo Diretor do Departamento de Fiscalização e Obras, em que se "determina o montante de 15.000 euros como valor fixado para os custos da demolição coerciva da obra ilegal a realizar por terceiro", tendo os serviços municipais iniciado as obras de demolição dos muros e anexos ao edificado.

António, inconformado com a atuação da Autarquia, pretende recorrer de todas as decisões que lesam os seus direitos e o seu património.

Nº 18

Manuel, proprietário do bar "Musicbynight" foi notificado do despacho do Vereador Y, que lhe determina a medida de encerramento preventivo do estabelecimento, no quadro do Regime Geral do Ruído, constando do teor do mesmo que "pese embora o estabelecimento de diversão noturna se encontrar licenciado, tal não dispensa o cumprimento pelos respetivos administradores/gerentes de deveres relacionados com o ruído que do mesmo irradia para o exterior, com reflexos negativos no direito ao descanso e ao sossego de quem habita nas proximidades".

No mesmo despacho, pode ler-se também que pelo incumprimento detetado através de ensaio que aferiu níveis de ruído violentos para a saúde humana, dado exceder os limites legais em 12 dB(A), se determina o pagamento de coima no montante de 500 Euros, correspondendo a contraordenação prevista e punida no mesmo Regime Geral do Ruído.

Neste sentido, pronuncie-se sobre as possibilidades de sucesso de **Manuel**, residente em Amares, que apresentou no TAF de Braga uma ação administrativa contra a Câmara Municipal Y, tendo em vista alcançar a anulação dos mencionados despachos.

Nº 19

Considere o Regulamento contido no Aviso de Abertura de Concurso para atribuição de licenças de instalação de cartório notarial nº X/2006, publicado na 2ª série do Diário da República, designadamente as seguintes disposições:

1 – Lugares – o número de cartórios notariais e respetiva área de localização constam da lista anexa ao presente aviso.

2 – Requisitos de admissão – podem apresentar-se ao concurso os licenciados habilitados com o título de notário, nos termos da Portaria nº 398/2004, de 21 de Abril.

3 – Legislação aplicável – Decreto-Lei nº 26/2004, de 4 de Fevereiro, e Portaria nº 398/2004, de 21 de Abril.

4 – As vagas são preenchidas de acordo com a graduação dos candidatos, obtida no concurso de provas públicas para atribuição do título de notário, aberto pelo aviso nº 9225/2004, publicado no Diário da República, 2ª série, nº 235, de 6 de Outubro de 2004, e as referências de localização dos cartórios manifestadas no requerimento de candidatura e respetivo pedido de licença.

Nesse contexto, **o Sr. M.**, residente em Oliveira de Azeméis, que exercia a profissão de notário público, ao abrigo do regime anterior e, tendo feito a opção pelo notariado privado, não logrou obter licença no âmbito do concurso anterior, vendo-se confrontado com a impossibilidade de concorrer a um vaga a que entende ter direito, considerando existir uma violação do direito à liberdade de acesso e exercício da profissão consagrado no artigo 47º da Constituição, **pretende reagir junto dos tribunais administrativos. Para o efeito, vem consultá-lo sobre as possibilidades de sucesso da sua pretensão. O que lhe diria?**

Nº 20

AXYZ, S.A., com sede em Matosinhos, pretende intentar contra o Município do Seixal uma ação administrativa para a impugnação de normas do Regulamento Municipal de Funcionamento dos Estabelecimentos Comerciais e de Prestação de Serviços (Regulamento nº 124/2017), solicitando a declaração da ilegalidade com força obrigatória geral do artigo 12º, nº 1 do referido regulamento, que dispõe o seguinte:

Art. 12º (Agravamento da restrição)

"1 – A Câmara Municipal pode, ainda, restringir, por sua iniciativa ou a requerimento de qualquer interessado, os limites fixados no pre-

sente regulamento para um ou para um conjunto de estabelecimentos e respetivas esplanadas, sempre que as autoridades denunciem situações de grave perturbação da tranquilidade, do sossego e da qualidade de vida dos cidadãos, designadamente dos residentes e/ou condóminos da área onde se situam os estabelecimentos, ou razões de segurança.

2 – A redução de horário de funcionamento é precedida da audição do interessado, que dispõe de 10 dias úteis para se pronunciar.

3 – A medida de redução do horário de funcionamento pode ser revogada desde que se comprove que cessou a situação de facto que fundamentou a redução de horário.

4 – As deliberações relativas à restrição dos limites aos horários fixados são precedidas de audição das entidades cuja consulta seja determinada por lei e/ou seja tida por conveniente em face das circunstâncias.

5 – Salvo disposição legal em contrário, os pareceres referidos no número anterior devem ser emitidos no prazo de 10 dias úteis, a contar da data do envio do ofício à entidade a consultar.

6 – Após o decurso do prazo previsto no número anterior, o procedimento prosseguirá sem os pareceres não vinculativos que não tenham sido rececionados".

Nesse contexto, pronuncie-se sobre as possibilidades de sucesso da AXYZ. S.A.

Nº 21

Um Centro de Investigação de uma Universidade Pública desencadeou um procedimento concursal para o recrutamento de um bolseiro tendo em vista a execução de tarefas no âmbito de um projeto financiado pelo Programa 2020, que se prolongará por 24 meses.

Ao Concurso apresentaram-se 3 candidatas, **A, B e C**, tendo esta sido imediatamente excluída em virtude de não ter instruído devidamente a candidatura e não reunir os requisitos solicitados no edital de abertura do procedimento.

Após avaliação pelo júri, **A e B** foram notificadas da lista final, acompanhada de um quadro com a classificação numérica atribuída, tendo **A** sido seriada em primeiro lugar.

1. Nesse sentido, **C.**, considerando "dispor do prazo de 10 dias úteis para, querendo, se pronunciar em sede de audiência", entende que a decisão de exclusão é nula, uma vez que nunca foi ouvida naquele procedimento concursal e, por isso, pretende recorrer junto dos tribunais administrativos. **Pronuncie-se sobre as possibilidades de sucesso de C.**
2. **B.,** não concordando com a ordem estabelecida na lista final de seriação, uma vez que o seu curriculum vitae é superior ao de **A.**, pretende recorrer aos tribunais, sendo que o regulamento de atribuição de bolsas de investigação da Universidade prevê que "cabe sempre recurso da lista final de seriação, no prazo de 7 dias úteis, para o Reitor da Universidade". **Diga como B. deve reagir do ponto de vista das garantias contenciosas.**

Casos Práticos

Meios Processuais Urgentes (Principais e Cautelares)

Nº 1

Manuel, titular do alvará de licença de obras de construção nº 830/14, seriamente incomodado com o teor do despacho do **Vereador Y**, que lhe ordena para *«no prazo de 20 dias proceder à demolição de todas as obras executadas sem licenciamento municipal e em desconformidade com o projeto aprovado (todos os muros e o edifício), sob pena de a Câmara Municipal o fazer a expensas do infrator, nos termos do Decreto-Lei nº 555/99, de 16 de dezembro, (com alt. post.)»*, apresentou no TAF de Braga uma ação administrativa contra a **Câmara Municipal Y**, com vista a obter a anulação do referido despacho.

QUID IURIS?

Nº 2

Por despacho do Secretário de Estado da Administração Local e do Ordenamento do Território foi declarada a utilidade pública, com carácter de urgência, da expropriação de oito parcelas de terreno, sitas na Quinta da Musgueira, necessárias à execução do programa de realojamento da zona denominada «Alto do Lumiar». Porque fazia parte dos imóveis a expropriar uma parcela de terreno denominada *Quinta dos Milagres*, um conjunto edificado com características arquitetónicas históricas e culturais marcantes, entre as quais se conta um palacete e um jardim com lagos, ambos do sec. XVIII, o seu proprietário, receando a produção de um dano irreversível, impugnou aquela decisão e solicitou a imediata suspensão da eficácia do ato.

Nesta sequência, **pronuncie-se sobre meios processuais adequados para realizar estas pretensões.**

Nº 3

O Município de Caminha, veio requerer contra a empresa ***Euroscut Norte S.A.*** o decretamento provisório de uma providência cautelar, traduzida na suspensão imediata da execução das obras do IC1, Viana do Castelo/Riba de Âncora e ligação a Vila Praia de Âncora, uma vez que as mesmas ameaçam lesar irreversivelmente direitos fundamentais das pessoas residentes, designadamente, o direito à saúde, ambiente e qualidade de vida.

Como justificação, a autora invocou que a requerida, concessionária do Estado (através do IEP), estaria a cometer graves irregularidades na execução dos trabalhos, incluindo a violação das medidas de minimização a que estava estritamente vinculada por força da Declaração de Impacto Ambiental (DIA) e do Relatório de Conformidade Ambiental do Projeto de Execução (RECAPE), pondo em risco a qualidade da água do rio Âncora e, consequentemente, pondo em causa o abastecimento regular de água ao concelho de Caminha.

QUID IURIS?

Nº 4

No contexto do cumprimento do Plano de Pormenor da Zona Histórica de Viana do Castelo e a propósito da declaração de utilidade pública da expropriação, com carácter de urgência, do *Edifício Jardim* ou *Prédio Coutinho*, emitida pelo Ministro do Ambiente, do Ordenamento do Território e do desenvolvimento Regional e a Sociedade

Vianapolis, Sociedade para o Desenvolvimento do Programa Polis em Viana do Castelo, **os proprietários das frações Y e X** (nº 133), recorreram aos tribunais com vista obter a declaração de nulidade das decisões e a suspensão da eficácia das mesmas.

Analise a situação jurídica em questão e diga de que meios processuais devem lançar mão para o efeito.

Nº 5

Jorge apresentou, nos serviços do Município de Lisboa, um pedido de informação dirigido ao Presidente da Câmara Municipal e relativo à Feira dos Carvalhos. Jorge pretendia saber, entre outras coisas, quais aos montantes recebidos por aquela autarquia como receitas de "ocupação do terrado", de "emissão de cartões de feirante", de "renovação dos cartões", de "ocupação de veículos", de "entrada de gado", e de "cobranças locais" relativas aos anos de 1987 a 2005.

Sabendo que o prazo para que tal informação fosse prestada já expirou e que Jorge continua à espera de uma resposta, **diga:**

1. Há algum meio processual adequado para "obrigar" a entidade administrativa requerida a satisfazer a pretensão de Jorge?
2. Qual é o prazo de que dispõe Jorge para lançar mão desse meio processual?
3. Qual é o tribunal competente para apreciar a pretensão de Jorge?
4. Caso o tribunal entenda satisfazer a pretensão de Jorge, em que prazo devem as informações ser prestadas pela autarquia?
5. O que pode o tribunal fazer para tentar evitar um eventual incumprimento da sua decisão por parte da autarquia?

Nº 6

No âmbito do concurso com vista à celebração de um contrato de empreitada de pavimentação com relva sintética de um campo de futebol, financiado pelo Município de Braga, a entidade competente resolveu adjudicar a obra a um dos concorrentes, não tendo procedido a qualquer audiência prévia.

Neste contexto, o concorrente preterido recorreu do ato de adjudicação e solicitou a intimação da autarquia para se abster de proceder à celebração do contrato.

Diga como poderá fazê-lo.

Nº 7

Por requerimento datado de 26 de novembro de 2018, um grupo de signatários, membros da Assembleia Municipal de Amarante, veio requerer ao Presidente da mesa da Assembleia Municipal que *«a Câmara faculte, em tempo oportuno, a informação útil quanto à atividade dessa Câmara e respetivos resultados em todas as empresas em que o município detenha alguma participação no respetivo capital. Para tal efeito, devem ser fornecidas as contas anuais relativas aos três últimos exercícios, bem como os respetivos resultados de gestão, fiscalização e de auditoria, parecer do órgão de fiscalização e documentos de certificação legal, se forem obrigatórios e existirem. Devem ainda ser fornecidas as atas da prestação de contas e aprovação das contas desses exercícios e o respetivo modelo 22 apresentado na competente repartição de finanças»*.

Caracterize a situação jurídica em causa e refira-se ao seu enquadramento e relevância do ponto de vista jurisdicional.

Nº 8

Os habitantes da Charneca, sentindo o receio de que os trabalhos de construção do novo cemitério da paróquia venham contaminar os lençóis freáticos locais, dirigiram um pedido de intimação ao TAF de Leiria no sentido de a autarquia ser condenada a suspender imediatamente as obras em curso, já que nunca foram realizados os necessários exames geológicos e a ameaça à saúde pública local é manifesta.

Mencione os mecanismos processuais adequados para o efeito.

Nº 9

O Presidente da Assembleia de Freguesia de Oliveira do Hospital verificou que o **Senhor X**, membro daquela Assembleia desde a eleição autárquica de 16.10.2018, faltou a três sessões consecutivas daquele órgão, duas ordinárias e uma extraordinária, nos dias 15.01.2019, 15.02.2019 e 15.03.2019, e apurou que, não obstante ter sido sempre convocado para as respetivas sessões por meio de carta registada com aviso de receção, não compareceu às sessões e nem sequer justificou a sua ausência. Pretende, por isso, propor uma ação com vista a obter a declaração de perda do mandato do autarca.

QUID IURIS?

Nº 10

O **Senhor Adalberto** apresentou no tribunal administrativo uma ação para exercício do direito de reversão de um seu imóvel que havia sido expropriado pela Assembleia Municipal de Tarouca para concretização do plano de pormenor, uma vez que aquele imóvel não foi aplica-do ao fim que determinou a expropriação, no prazo de dois anos a contar da adjudicação. No entretanto, **Adalberto**, tendo conhecimento que uma empresa municipal se preparava para dar início a obras de adaptação no imóvel, solicitou cumulativamente a adoção das seguintes providências: a atribuição provisória de disponibilidade de utilização do bem (art. 112º, nº 2, alínea c) CPTA); o arrolamento de bens deixados pela Entidade administrativa no imóvel (art. 403º Novo CPC) e a intimação da entidade pública para se abster de intervir, por qualquer forma, na estrutura do prédio.

Diga, justificando, em que termos é possível obter a tutela das várias pretensões.

Nº 11

O Ministério Público, tendo tido conhecimento que algumas cláusulas do contrato de empreitada de «Conceção e Construção do Parque Empresarial do Estreito da Câmara de Lobos» não estavam a ser devidamente executadas pelo empreiteiro e que, em consequência desse não cumprimento, a qualidade de vida dos residentes naquela zona, seria seriamente lesada, veio pedir a condenação das partes a executarem integralmente o contrato celebrado.

Pronuncie-se sobre a ação adequada para fazer valer tal pretensão. Diga se a ação que indicou também é adequada para obter a anulação ou declaração de nulidade do contrato em causa.

Nº 12

Imagine que Catarina, residente na Maia, apresentou em 04.12.2018 um requerimento dirigido à obtenção de uma bolsa de estudos no estrangeiro, não tendo até ao momento obtido qualquer resposta.

Supondo que se encontra em vésperas de partir para a Dinamarca, com vista a iniciar os seus estudos na faculdade de Direito de uma das Universidades Dinamarquesas, e que necessita com urgência da referida bolsa, **como poderá reagir junto dos tribunais administrativos?**

Nº 13

Admita que **Amândio** foi notificado em **15.02.2019** do despacho do **Ministro do Ambiente, do Ordenamento do Território e**

do Desenvolvimento Regional que declara a utilidade pública da expropriação, com carácter de urgência, de um imóvel rústico, sito no distrito de Aveiro, de que é proprietário há mais de 20 anos e do qual retira o sustento do agregado familiar. Em causa está a concretização de um programa de requalificação da zona na qual se insere.

Neste contexto, **pronuncie-se sobre a possibilidade e adequação, do ponto de vista processual, das soluções adotadas por Amândio:**

1. Recorreu ao TAF de Viseu, em **01.03.2019**, tendo lançado mão da Ação Administrativa, com vista a obter uma indemnização pelo ato de expropriação ilegal, tendo demandado o Ministro do Ambiente, do Ordenamento do Território e do Desenvolvimento Regional.
2. Solicitou, em **01.03.2019**, a adoção de uma providência cautelar, pois sentia-se extremamente ameaçado, uma vez que estaria iminente a posse administrativa do terreno e teve conhecimento de que foi publicado um anúncio de um concurso público para a adjudicação de empreitada de demolição de vários imóveis expropriados na mesma zona. Acresce que Amândio residia com a sua família naquele local e recentemente investiu com intensidade nesse terreno agrícola (tendo-se servido de fundos comunitários).
3. Por a considerar ilegal, impugnou a resolução fundamentada de interesse público apresentada, no âmbito do processo cautelar, em **04.04.2019**. Nela o Ministro do Ambiente, do Ordenamento do Território e do Desenvolvimento Regional decidiu dar seguimento à decisão expropriativa, justificando que, do ponto de vista do interesse público, existia uma especial urgência de proceder à concretização do programa de requalificação da área em causa). Para este efeito, tenha em consideração que o juiz emitiu despacho liminar em **15.03.2019,** no qual ordenou a citação do Ministério do Ambiente, do Ordenamento do Território e do Desenvolvimento Regional.

Nº 14

Suponha que um **Instituto Público** com sede em Lisboa, lançou um concurso público de adjudicação de um contrato de empreitada de obra pública, dirigido à realização de reparações urgentes na estrutura do edifício no qual funcionam os respetivos serviços, sendo certo que, posteriormente, por deliberação de **21.01.2019**, o Conselho Diretivo do referido I.P. homologou a lista de classificação final elaborada pelo júri do concurso.

Imagine que a empresa classificada em segundo lugar, inconformada com a decisão, decidiu deduzir impugnação administrativa junto do Secretário de Estado da Segurança Social, o que fez em **23.01.2019**. Contudo, como não obteve resposta, propôs em **08.03.2019,** uma ação de impugnação da deliberação do Conselho Diretivo do CRSS.

Neste contexto, **pronuncie-se sobre as opções processuais tomadas pela empresa, apreciando as questões relevantes para aferir da admissibilidade da impugnação contenciosa deduzida em 08.03.2019.**

Nº 15

A Freguesia de Ribeirão Preto e a Associação Natura Para todos e Verde Solidário, IPSS (ambas devidamente identificadas nos autos), instauraram em 05/10/2020 no Tribunal Administrativo e Fiscal de Braga um processo cautelar contra a Agência Portuguesa do Ambiente, I. P., a REN – Rede Elétrica Nacional, S. A. e o Ministério do Ambiente e Transição Energética – Direção-Geral de Energia e Geologia (todos igualmente devidamente identificados nos autos), requerendo a decretação das seguintes providências cautelares:

a) a suspensão de eficácia da Declaração de Impacte Ambiental emitida pelo Presidente do Conselho Diretivo da APA, I.P., de 21 de novembro de 2016;

b) *a suspensão de eficácia do despacho de 27 de março de 2019 do Diretor Geral de Energia e Geologia, de concessão da Licença de Estabelecimento da instalação da Linha de Muito Alta Tensão (LMAT);*
c) *o embargo da obra consubstanciada na construção da "linha aérea dupla, a 400kV, Ponte de Lima – Vila Nova de Famalicão", cujos trabalhos já iniciaram;*
e
d) *intimação da REN a abster-se de qualquer conduta ou operação material, por si ou através de terceiros, que consubstancie a implementação no terreno da construção da "linha aérea dupla, a 400kV, Ponte de Lima – Vila Nova de Famalicão.*

Neste contexto, **pronuncie-se sobre a legitimidade processual ativa das requerentes e a possibilidade de solicitação das mencionadas providências cautelares.**

Nº 16

Por anúncio publicado na 2ª Série do Diário da República, através da Direção Regional de Agricultura e Pescas do Norte, foi aberto concurso público internacional para a aquisição de uma solução de comunicações assentes em serviços de voz e dados.

Apresentaram-se ao concurso 2 candidatos – as empresas "Comunicação sem Limites, Lda" e "MegaComunicações, Lda" –, tendo o Diretor Regional de Agriculturas e Pescas, na sequência do referido procedimento, proferido, a 24 de janeiro de 2022, despacho de adjudicação à empresa "Comunicação sem Limites, Lda", com sede em Vila Real, tendo dele sido notificados todos os concorrentes a 28 de janeiro de 2022.

Nessa sequência, a empresa "MegaComunicações, Lda", com sede em Montalegre, pretende reagir jurisdicionalmente contra aquela decisão de adjudicação.

1. **Pronuncie-se sobre as possibilidades de sucesso da "MegaComunicações, Lda".**

2. **Poderia a Direção Regional celebrar o contrato com a "Comunicação sem Limites, Lda", sabendo que foi citada a 7 de fevereiro de 2022? E poderia a "MegaComunicações, Lda" requerer a adoção de medidas provisórias?**
3. **Em hipótese autónoma, se o contrato tivesse sido entretanto celebrado, como poderia a "MegaComunicações, Lda" reagir?**

Nº 17

Configure a seguinte hipótese:

Por anúncio publicado na 2ª Série do Diário da República, o Município de Matosinhos lançou concurso público internacional para a prestação de serviços para o fornecimento de refeições em refeitórios escolares dos jardins-de-infância e escolas do 1º ciclo do ensino básico do Concelho de Matosinhos.

Ao consultar as condições fixadas no Caderno de Encargos, a empresa "BemAlimentar, Lda", com sede em Aveiro, anteviu não estar em condições de poder vir a ser escolhida como adjudicatária, uma vez que as condições fixadas favorecem claramente as empresas da Área Metropolitana do Porto.

Ao referido concurso apresentaram-se 4 candidatos, com sede, respetivamente, na Maia, Ermesinde, Valongo e Viana do Castelo, e a adjudicação foi efetuada em 02-05-2022 à Sociedade "Barriguinha Cheia, Lda", com sede na Maia, tendo dele sido notificados todos os concorrentes a 06-05-2022.

Nessa sequência, a empresa "BioLife, Lda", com sede em Viana do Castelo, havendo sido admita ao concurso, pretende impugnar aquela decisão por considerar que a proposta que apresentou, apesar de ter um preço idêntico ao da escolhida, apresenta-se indiscutivelmente melhor na relação preço-qualidade, bastando considerar a variedade do cardápio e a origem dos produtos, sendo o *"acolhimento no cardápio de produtos biológicos resultantes da agricultura sustentável"* precisamente um dos fatores do critério de adjudicação estabelecido no programa de concurso.

1. **Imagine que a "BemAlimentar, Lda", embora não tenha apresentado proposta, o vem consultar, no sentido de saber o que poderá ainda fazer, pois não se conforma com um "cenário de tanta injustiça". O que lhe diria?**
2. **Pronuncie-se sobre as possibilidades de sucesso da "Bio-Life, Lda".**

Nº 18

Um Centro de Investigação de uma Universidade Fundação com regime de direito privado desencadeou um procedimento concursal com vista ao recrutamento de um investigador doutorado tendo em vista a execução de tarefas no âmbito de um projeto de investigação financiado pelo FEDER e do Programa Norte 2020, que se prolongará por 24 meses. Ao concurso apresentaram-se 49 candidatos e **Ana**, a investigadora que será contratada.

Após avaliação pelo júri, os candidatos foram notificados da lista final, acompanhada de um quadro com a classificação numérica atribuída, tendo **Ana** sido seriada em primeiro lugar e **Beta** em segundo.

Beta, não compreendendo a razão da ordem estabelecida na lista final de seriação, requer o acesso às atas das reuniões do júri, tendo o Presidente do júri negado o acesso, por entender que as mesmas contêm dados pessoais de **Ana**.

Como Beta poderá reagir?

Casos Práticos

Executoriedade das Sentenças, Recursos Jurisdicionais, Mediação e Conciliação

Nº 1

João, Técnico Superior de 1ª Classe do Quadro de Pessoal da Delegação Regional de Braga do IPDJ, depois de ter sido alvo de um *Kafkiano* processo disciplinar, foi demitido pelo Secretário de Estado da Juventude.

1. Tendo em conta que João se sente injustiçado e pretende recorrer aos tribunais, **diga em que termos pode obter a tutela jurisdicional da sua pretensão?**
2. Imagine que João, tendo obtido, em 03.12.2018, uma sentença anulatória por parte do tribunal, não sabe, ao certo, o que ela significa. **Refira em que se traduz a obrigatoriedade das sentenças administrativas.**
3. E, agora, considere que João, consciente dos seus direitos, pretende recorrer aos tribunais, uma vez que a entidade administrativa parece não *ter movido uma palha* para executar a sentença. **Diga o deve fazer João.**
4. Finalmente, tendo em conta que a entidade administrativa veio dizer ao tribunal que «nada poderá fazer», já que outro funcionário ocupa há mais de 2 anos o posto deixado vago pelo João e que «não se espera que uma nova vaga seja aberta tão cedo», **diga em que termos deve o tribunal decidir.**

Nº 2

Maria, médica de profissão, estando em total desacordo com os atos de processamento de vencimentos efetuado pela sua entidade empregadora, intentou uma Ação Administrativa contra o Centro Hospitalar de Cascais e o Ministério da Saúde, solicitando a condenação das rés a reconhecerem que a mesma prestou trabalho extraordinário integrada em equipas de urgência hospitalar, durante o segundo semestre de 2018, e a condenação das rés a pagarem-lhe a quantia total de 10 000 Euros, correspondente à diferença entre os montantes que recebeu e os que deveria ter recebido atento o regime de trabalho de dedicação exclusiva com o horário de 42 horas semanais.

Atendendo aos factos descritos, **diga se aconselha Maria a recorrer do despacho saneador proferido pelo TAF de Sintra que absolve as rés da instância por ter existido erro na forma de processo.**

Nº 3

Configure a seguinte situação hipotética: Por resolução do Conselho de Ministros, datada de dezembro de 2018, foi deliberada a abertura de um concurso com vista à aquisição de meios aéreos de combate a incêndios, bem como dos respetivos serviços de manutenção, tendo-se apresentado a concurso 4 concorrentes: **Empresa A** (com sede em Braga); a **Empresa B** (com sede em Lisboa); a **Empresa C** (com sede em Aveiro); e a **Empresa D** (com sede em Famalicão);

A 28 de Março de 2019, o contrato foi adjudicado à **Empresa B,** tendo o contrato sido celebrado a 4 de abril de 2019.

Inconformada, a **empresa A** pretende reagir contra o contrato celebrado, invocando que a **empresa B** teria de ser excluída do concurso pois não havia apresentado os documentos exigidos no respetivo programa. Para tal, intentou hoje no tribunal Administrativo e Fiscal de Braga uma ação administrativa de impugnação do contrato contra o Ministério da Administração Interna.

Imagine que o Tribunal dava razão à pretensão da Empresa A. Poderia o Ministério da Administração Interna recorrer da sentença? Em que termos?

Nº 4

Por despacho do Secretário de Estado da Administração Local e do Ordenamento do Território foi declarada a utilidade pública, com carácter de urgência, da expropriação de oito parcelas de terreno, sitas na Quinta da Musgueira, necessárias à execução do programa de realojamento da zona denominada «Alto do Lumiar».

Porque fazia parte dos imóveis a expropriar uma parcela de terreno denominada *Quinta dos Milagres*, um conjunto edificado com características arquitetónicas históricas e culturais marcantes, entre as quais se conta um palacete e um jardim com lagos, ambos do sec. XVIII, o seu proprietário, **Daniel**, receando a produção de um dano irreversível, impugnou aquela decisão e solicitou a imediata suspensão da eficácia do ato.

Caso tenha existido sucesso na ação principal, que cenário jurídico descreve para obter a plena execução da sentença.

Nº 5

Pelo aviso nº 14383-A/2020 publicado no DR de 23.11.2015, foi aberto procedimento concursal para preenchimento de uma vaga na categoria de Professor Associado da ED da UBI.

João apresentou em 27.11.2015 a sua candidatura, com mais 2 candidatos.

Por deliberação do Júri de concurso datada de 29.01.2016, foi aprovada a lista definitiva de candidatos admitidos e excluídos ao procedimento concursal e João figura nela em 2º lugar, não tendo direito ao preenchimento da vaga. Pedro foi nomeado Professor Associado e iniciou funções.

Imagine que João, tendo impugnado aquela decisão com fundamento em invalidades formais e de conteúdo, obteve sucesso apenas nas suas pretensões de invalidação formal em 23.11.2020. **Diga o que decorre para a UBI desta sentença.**

Nº 6

Pelo aviso nº 14383-A/2020 publicado no DR de 23.01.2020, foi aberto procedimento concursal para preenchimento de uma vaga na categoria de Professor Associado na Escola de Artes da Universidade de Beiras Interiores.

João apresentou em 27.03.2020 a sua candidatura, com mais 2 candidatos.

Por deliberação do Júri de concurso datada de 29.03.2021, foi aprovada a lista definitiva de candidatos admitidos e excluídos ao procedimento concursal e João figura nela em 2º lugar, não tendo direito ao preenchimento da vaga. Pedro foi nomeado Professor Associado e iniciou funções. **Nesse contexto:**

1. Imagine que João, considerando ser titular de um CV cientificamente muito mais rico do que o de Pedro, pretende reagir judicialmente contra aquela decisão, com fundamento em erro manifesto na apreciação do curriculum. **Pronuncie-se sobre a sua intenção de recorrer aos tribunais administrativos, à luz das possibilidades de sucesso.**

2. Imagine também que João desconhece o que pode vir a significar para ele alcançar uma sentença anulatória do concurso, daqui a dez anos. **Explique-lhe.**

Nº 7

António apresentou uma ação administrativa contra o Hospital, E.P.E., no qual exercia funções, pretendendo a anulação da deliberação do Conselho de Administração do Hospital que havia nomeado Maria como Diretora do Serviço de Otorrinolaringologia.

Tendo invocado que o mesmo é ilegal – porquanto "a lei obriga a que a decisão de nomeação de um assistente graduado, havendo um chefe de serviço, que assim é afastado, seja fundamentada com os motivos da não escolha deste" – António solicita a anulação daquele ato e, consequentemente, a sua nomeação para o cargo em causa.

1. **Neste sentido, diga quais os mecanismos judiciais adequados para fazer valer a pretensão de António.**

2. Imagine que o tribunal administrativo veio anular a deliberação em causa, mas, nessa sequência, o Hospital "diz que nada mais pode fazer, uma vez que é impossível voltar para trás no tempo", tanto mais quanto António se veio a aposentar no decurso do processo. **QUID IURIS?**

Nº 8

X apresentou uma ação administrativa contra o Hospital, E.P.E., no qual exercia funções, pretendendo a anulação da deliberação do Conselho de Administração do Hospital que havia nomeado Y como Diretora do Serviço de Otorrinolaringologia.

Tendo invocado que o mesmo é ilegal – porquanto "a lei obriga a que a decisão de nomeação de um assistente graduado, havendo um chefe de serviço, que assim é afastado, seja fundamentada com os motivos da não escolha deste" – solicita a sua anulação e consequentemente, a sua nomeação para o cargo em causa.

Assim, e não se tendo verificado a exigida fundamentação, foi julgada a ação parcialmente procedente, tendo o tribunal administrativo anulado a deliberação em causa, mas absolvendo o Hospital nos demais pedidos.

Imagine que o Hospital "diz que nada mais pode fazer, uma vez que é impossível voltar para trás no tempo", tendo X proposto uma ação de execução de sentença.

Imagine também que nela o tribunal veio concordar com o Hospital, E.P.E, julgando "procedente a invocada existência de causa legítima de inexecução, determinando a notificação das partes para, no prazo de 20 (vinte dias), querendo, acordarem no montante da indemnização devida pelo facto da inexecução".

Não se conformando com a decisão veio, X veio, a 3 de março de 2020, interpôs recurso, indicando o seguinte: "Deve ser proferido Acórdão a revogar a Sentença recorrida, determinando-se a baixa dos autos ao Tribunal a quo, devendo-se optar, preferencialmente pela repetição ou renovação do ato, e, sempre que possível, optar-se pela reconstituição in natura".

Tendo em conta que o lapso temporal decorrido desde a deliberação até à decisão de anulação da mesma, e o facto de a recorrente já se encontrar aposentada, o tribunal superior refere que "não existem dúvidas que estamos perante uma causa legítima de inexecução", "(...) não sendo possível dar execução ao acórdão exequendo, ocorrendo causa legítima de inexecução, por impossibilidade fático-jurídica, porque ocorreu, entretanto, a aposentação do Exequente. Existe, assim, uma outra causa legítima de inexecução, consistente na impossibilidade absoluta de executar, face à situação de reforma do Exequente"[1].

Neste sentido, X, não conseguindo estabelecer diálogo com a entidade administrativa executada, requer ao juiz que, ao abrigo do art. 87º- C do CPTA, seja remetida a questão do *quantum* de indemnização para a intermediação de um terceiro, mediador ou conciliador, com vista a alcançar o acordo quanto ao valor justo de indemnização.

QUID IURIS?

[1] Acórdão nº 1614/06.0BEPRT-B, do Tribunal Central Administrativo Norte, de 18 de dezembro de 2020. O TCA Norte decidiu que *"a indemnização pela perda do direito à execução pode e deve ser avaliada no processo de Execução."*

Exemplos de Temas para trabalhos e discussão oral

Tema 1: Os modelos de justiça administrativa

Tema 2: A Conformação da Justiça Administrativa ao Direito da União Europeia

Tema 3: O âmbito da jurisdição e os conflitos de jurisdição

Tema 4: Os desafios da jurisdição administrativa na era da transição digital

Tema 5: Processo Administrativo e Processo Civil – autonomia e aproximações

Tema 6: O papel do Ministério Pública na justiça administrativa

Tema 7: Tutela jurisdicional efetiva e agilização processual

Tema 8: Os avanços e recuos do contencioso pré-contratual urgente

Tema 9: "Processo temporalmente justo e urgência"

Tema 10: A Execução das Sentenças dos Tribunais Administrativos: perspetiva e prospetiva

Tema 11: A resolução alternativa de litígios jurídico-públicos: problemas e desafios

Tema 12: O contencioso administrativo especial

Modelos Orientadores para a Resolução

N.B.: Os exemplos de orientação para a resolução de (alguns) exercícios propostos constituem, tal como pressuposto, *índices de orientação*, não devendo ser assumidos como resposta definitiva, suficiente e exaustiva às questões colocadas. Muito embora se considerem válidos diversos modelos de resposta, variáveis em função da disciplina em causa e, designadamente, da matéria objeto de análise, a resposta deve sempre encontrar-se devidamente justificada, legal e doutrinalmente e, sempre que possível, suportada por jurisprudência aconselhada, compreendendo sempre uma articulação entre os conhecimentos teóricos apreendidos e a hipótese *sub judice*.

Direito Administrativo I

Prova Modelo

(Elementos das Provas Parcelares de 04-12-2021 e 13-12-2022)

Enunciado

GRUPO I

Do seguinte conjunto de conceitos, distinga sucintamente apenas três:

a. Função Administrativa/Função Jurisdicional

b. Estado-de-Polícia/Estado Polícia
c. Empresa Pública/Empresa Participada
d. Conselho de Ministros/Governo
e. Direção-Geral/Comissão de Coordenação e Desenvolvimento Regional

GRUPO II

Comente apenas um dos seguintes excertos:

A. "Visto a partir do presente, o edifício jurídico-público do Estado liberal evidencia múltiplas contradições internas. Assim, em nome do princípio da separação de poderes, os revolucionários franceses vieram considerar que julgar a administração é ainda administrar, tendo isto como consequência prática a subtração da administração ao controlo dos tribunais".

B. "Ao determinar o estabelecimento, por lei, de formas adequadas de descentralização e desconcentração administrativas, sem prejuízo da unidade da ação administrativa, o artigo 267º, nº 2 da Constituição mais não faz do que reproduzir este conflito ao nível da organização administrativa. O princípio da unidade da ação administrativa visa, assim, corrigir ou atenuar as desvantagens daqueles, funcionando como «contra-princípio»".

GRUPO III
RESOLVA APENAS UM DOS SEGUINTES CASOS PRÁTICOS

CASO A. Configure a seguinte hipótese:

Ao abrigo de uma delegação de poderes do Secretário de Estado da Juventude e do Desporto, o Conselho Diretivo do Instituto Português do Desporto e Juventude (IPDJ), I.P., passa a ser competente para autorizar, com faculdade de subdelegação, a celebração de contratos de arrendamento de imóveis para a instalação dos serviços do Instituto.

Nesse sentido, o Presidente do Instituto Português do Desporto e Juventude autorizou a celebração de um contrato de arrendamento de um imóvel na zona da "Baixa do Porto" para albergar a "Nova Biblioteca Nacional do Desporto".

1. Nesse contexto, imagine que vem a ser questionada a validade das atuações, pois a competência para autorizar a celebração de contratos de arrendamento de imóveis é, nos termos legais, do Membro do Governo com atribuições na área do Desporto. E, se existiu um ato de delegação de competências, ele deveria ser publicamente conhecido.

QUID IURIS?

2. **Poderia o Secretário de Estado substituir o ato praticado pelo Presidente do IPDJ, por considerar que a melhor localização para a Nova Biblioteca seria em Matosinhos? Justifique.**

CASO B. Configure a seguinte hipótese:
Suponha que António foi notificado por carta registada, tendo recebido más notícias:

1ª Que o Vereador do Urbanismo decidiu "ordenar a demolição do muro, situado em propriedade sua, que ameaça ruína iminente, pondo em causa a segurança de todos os que transitam naquela rua".

2ª Que o Presidente da Assembleia Municipal lhe aplicou uma coima, uma vez que António, muito nervoso, havia tido um comportamento inexplicável durante toda a reunião daquele órgão, lugar onde António resolvera queixar-se das injustiças da vida.

Neste sentido, António questiona-se sobre a validade das decisões, uma vez que considera que nem no primeiro caso nem no segundo os órgãos autárquicos são competentes para praticar tais atos. QUID IURIS?

RESOLUÇÃO

GRUPO I

a. A função administrativa e a função jurisdicional compartilham do facto de serem funções de natureza secundária e subordinada. No entanto, distinguem-se pelos seguintes traços e objetivos prosseguidos: enquanto a função jurisdicional visa aplicar o Direito ao caso concreto, defendendo os direitos e interesses legalmente protegidos dos particulares, a função administrativa visa prosseguir os interesses gerais da coletividade. Para além disso, enquanto a função jurisdicional se caracteriza por ser essencialmente intelectiva, interpretando a Lei e a Constituição e integrando lacunas, com vista a resolver questões de Direito e a dirimir conflitos seja entre particulares seja entre particulares e entidades públicas, a função administrativa caracteriza-se por ser essencialmente volitiva, compreendendo tanto a prática de atos jurídicos como de operações materiais, sendo certo que o leque de necessidades coletivas que visa satisfazer não se circunscreve à mera realização do Direito. Ainda, a função jurisdicional e, portanto, os tribunais como encarregados do seu exercício, caracterizam-se pela independência, inamovibilidade, imparcialidade e irresponsabilidade pelas suas decisões, enquanto os órgãos administrativos, encarregados pelo exercício da função administrativa, se afirmam pela hierarquia, iniciativa e parcialidade, sendo amovíveis em função do interesse público e estando sujeitos a responsabilidade disciplinar, civil e criminal pelo modo como desempenham as suas funções.

b. A expressão "Estado-de-Polícia" designa o período anterior às revoluções Liberais, correspondendo a um sistema de monarquia absoluta, no qual o Rei concentra em si todos os poderes, inexistindo, pois, separação de poderes. Nesse sentido, a administração não se encontra subordinada ao Direito e, portanto, o poder discricionário não se encontra limitado. De igual modo, os particulares não gozam de quaisquer garantias relativamente à AP, assumindo a posição de súbditos. Por seu turno, o "Estado-Polícia", de acordo com a teoria liberal, corresponde ao Estado Guarda Noturno, no qual se este afirma como Estado de Direito e no qual os particulares assumem o estatuto de cidadãos, sendo-lhes reconhecida a existência de garantias perante a Administração. Acentuando-se a necessidade de limitar o poder político, a máquina administrativa era concebida como reduzida ou pequena, sendo essencialmente incumbida de garantir a segurança das pessoas e da propriedade e de se abster de intervir no domínio económico, sendo certo que o instrumento jurídico mais utilizado era o ato administrativo.

c. Tanto a empresa pública, como a empresa participada integram o setor empresarial do Estado (Administração Estadual Indireta), correspondendo a pessoas coletivas de direito privado (cf. artigo 5º do RJSPE). No entanto, enquanto que as empresas correspondem a organizações empresariais constituídas sob a forma de sociedade comercial, nas quais o Estado ou outra entidade pública exerce, isolada ou conjuntamente, uma influência dominante, seja por possuir a maioria do capital, seja por dispor da possibilidade de designação e destituição dos membros do órgão de administração ou de fiscalização ou dispor da maioria dos direitos de voto ou de outra forma que se repercuta na sua influência sobre o poder decisório (cf. artigo 9º do RJSPE), as empresas participadas são organizações empresariais nas quais o Estado ou outras entidades públicas detenham apenas uma participação permanente, direta ou indireta, isto é, participações que não possuem objetivos exclusivamente financeiros, sendo a respetiva titularidade de duração superior a um ano, mas desde que o conjunto das participações públicas não origine influência dominante (artigo 7º do RJSPE).

d. O Governo é o principal órgão da Administração Pública, enquadrado na Administração Estadual Direta Central, constituído pelo primeiro-ministro, Ministros, Secretários e Subsecretários de Estado, podendo incluir Vice-Primeiros Ministros. Nos termos do art. 199º da CRP, o Governo tem três funções principais: garantir a execução das leis, assegurar o funcionamento da AP e promover a satisfação das necessidades coletivas, sendo simultaneamente órgão político e órgão administrativo. O Governo, como principal órgão da AP, dirige a Administração direta, superintende a Administração indireta e tutela a administração indireta e autónoma.

Por sua vez, o Conselho de Ministros corresponde à reunião colegial do Governo (cf. artigos 184º e 200º da CRP e dos artigos 4º e 35º a 38º da orgânica do Governo – DL nº 32/2022), podendo existir CM gerais ou especializados, e podendo existir delegação de competências do Conselho de Ministros nos membros do Governo. Dá, assim, sentido à configuração do Governo enquanto órgão complexo, isto é, órgão colegial de estrutura diferenciada.

e. Tanto a Direção-Geral como a Comissão de Coordenação e Desenvolvimento Regional correspondem a serviços da administração direta do Estado, sujeitos à hierarquia do Governo. No entanto, a Direção-Geral assume-se como serviço da administração direta central, pois exerce competência extensiva a todo o território nacional, independentemente de possuir, ou não, unidades orgânicas geograficamente desconcentradas (cf. artigo 11º, nº 4, al. a) do DL nº 4/2004), e de tipo executivo, assegurando a prossecução das políticas públicas da responsabilidade cada ministério (cf. artigos 13º e 14, nº 1), enquanto as CCDR são serviços periféricos, dotados de autonomia administrativa e financeira (cf. artigo 1º, nº 1 do DL nº 228/2012). Com a eliminação dos Governadores Civis, as CCDR são hoje o principal serviço da Administração periférica (especializada) do Estado, com missões designadamente no domínio do ambiente, do ordenamento do território, do desenvolvimento regional e do apoio técnico às autarquias locais e suas associações, exercendo para tal os poderes de autoridade do Estado na área geográfica de atuação (cf. artigo 13º).

GRUPO II

Texto A.

– **O comentário deverá situar o texto no âmbito das Revoluções liberais, designadamente da Revolução Francesa, desta-**

cando a importância do princípio da Separação de Poderes como princípio nuclear e o seu papel no surgimento do Direito Administrativo:

(i) Explicação do Princípio e seu entendimento como corolário do Estado de Direito;

(ii) A sua interpretação radical, tendo como principal consequência a subtração dos órgãos administrativos ao controlo jurisdicional, entendendo-se que "julgar a Administração é ainda administrar". Assim, se a Administração não podia imiscuir-se nos assuntos dos tribunais, estes também não podiam interferir nos assuntos da Administração.

(iii) Referência e conteúdo da Lei 16-24 de Agosto de 1790 e da Lei Fructidor do Ano III.

(iv) Problemas em torno dessa interpretação radical: necessidade de proteção dos particulares perante dos abusos da Administração, conduzindo à criação de órgãos, integrados no aparelho administrativo, encarregues de estudar os assuntos contenciosos e preparar a solução dos litígios > criação dos Tribunaux Administratifs: Conseil d'État e dos Conseils de Préfecture (distinção).

– **Deverá igualmente destacar o papel fundamental do Conseil d'État para o surgimento do direito administrativo**:

(i) Evolução do Conseil d'État: primeiro, órgão consultivo; depois, integrado no sistema de justice retenue (criação de secção especializada em contencioso, competente para ouvir as partes segundo um processo jurisdicionalizado, propondo a solução do conflito, que depois deveria ser confirmada pelo Chefe de Estado); e, finalmente, integrado no sistema de justice déléguée (verdadeiro órgão jurisdicional, que resolve os conflitos entre a Administração e os particulares, "em nome do povo").

(ii) A não vinculação do Conseil d'État ao Code Civil e suas implicações:

- ✓ criação de regras especiais, atributivas de poderes de autoridade e poderes exorbitantes à Administração em especial, o privilégio de execução prévia). Dessa forma, o

Conseil d'État criou o seu próprio direito: o Direito Administrativo;

- ✓ O Direito Administrativo como Direito da e para a Administração Pública (concentração de poder na Administração – uma contradição em relação aos ideais revolucionários?)
- ✓ Necessidade de serem criadas regras que atribuam garantias aos particulares: preocupação sentida pelo Conseil d'État, que vai sujeitando a Administração a especiais deveres (função de equilíbrio do Direito Administrativo)

– **Problematização,** designadamente em torno do carácter universal do Direito Administrativo (sendo certo que a revolução francesa foi condição necessária para o surgimento do direito administrativo, não pode ser considerada suficiente, disso sendo prova o surgimento do direito administrativo no sistema de administração judiciária, sem que esse tenha surgido pela mão de um Conseil d'État), bem como da Relação existente entre Administração Pública e Direito Administrativo.

Texto B.

– O comentário ao texto não pode deixar de fazer imediata alusão ao desenho da estrutura da Administração Pública portuguesa que é espelhado nos art. 6º e 267º da CRP e à inquietante medida certa de descentralização e desconcentração, no quadro do limite da unidade da ação administrativa, complementaridade e intangibilidade de atribuições, alcançadas em constantes reformas legislativas.

– A estrutura da Administração pública começa por ser desenhada na Constituição, como plural, participativa e descentralizada, no artigo 267º, nºs 1 e 2 CRP: Realce-se sobretudo, o nº 2 onde se dispõe que, para o efeito, a lei deve estabelecer adequadas formas de descentralização e desconcentração administrativa, sem prejuízo da necessária eficácia e unidade de ação da Administração e dos poderes de direção, superintendência e tutela dos órgãos competentes (nº 2).

Este preceito constitucional contém diversos objetivos: uns primários (como a desburocratização) e outros derivados (como a aproximação dos serviços das populações) a par com princípios normativos: no que respeita à organização prevê, pois, os princípios de descentralização e desconcentração. A descentralização e a desconcentração são os princípios orientadores que o legislador ordinário deve concretizar, a eficácia e a unidade da ação administrativa serão os limites dentro dos quais o legislador ordinário deve cumprir esta orientação. A estrutura da administração pública rege-se por cinco princípios constitucionais: O princípio da desburocratização, o princípio da aproximação dos serviços às populações e o princípio da participação dos interessados na gestão efetiva dos serviços públicos.

– **Em particular importa destacar o princípio da descentralização administrativa.** Este princípio determina que os interesses públicos que a atividade administrativa pública visa satisfazer num determinado país não estejam somente a cargo da pessoa coletiva pública Estado, mas também de outras pessoas coletivas públicas.

Para que haja verdadeira descentralização administrativa é necessário que estejam preenchidos alguns pressupostos: a) que estas pessoas coletivas públicas distintas da pessoa coletiva pública Estado tenham a sua existência assegurada na Constituição; b) é indispensável que tais ps. cs. ps. disponham de órgãos eleitos; c) é necessário também que as suas atribuições estejam consagradas em lei; d) e, finalmente, é indispensável que o Estado não intervenha na sua atuação, a não ser para realizar uma tutela de legalidade.

Ora, em Portugal, sob o ponto de vista jurídico, ***existe uma verdadeira descentralização administrativa de base territorial.*** E são as Regiões Autónomas e as Autarquias locais que concretiza, uma verdadeira descentralização administrativa, podendo esta esta a razão da tensão subjacente ao texto e ao tema, uma vez que a Constituição a) garante a sua existência e as suas atribuições, ver artigos 235º a 237º; b) dispõe que estas dispõem de órgãos eleitos (art. 239º, nºs 1 e 2 CRP); c) e determina que o Estado apenas pode exercer sobre os órgãos autárquicos tutela administrativa de legalidade (art. 242º, nº 1 da CRP).

– Contudo, o sistema administrativo português concretiza, a par com a descentralização territorial, uma ***descentralização não territorial.*** Esta tem vindo a acentuar-se imenso desde 2018, tendo sido emitida a lei-quadro de descentralização administrativa que prevê a delegação por lei de competências do Governo nas autarquias locais (Lei nº 58/2018) e os múltiplos diplomas setoriais conformadores desta lei-quadro, em 2019 e 2020. Em 2021, foi adiada para 31.03.2022 a obrigatoriedade de assentimento de competências apenas na área da educação e saúde, pelo que as demais competências relativas a outras matérias são já, desde 2021, competências dos 308 municípios. Tal não deixa de ser inquietante, do ponto de vista da unidade da ação administrativa e do ponto de vista da eficiência.

A descentralização não territorial é a que resulta da devolução de poderes: o Estado, ou outra pessoa coletiva de população e território, pode criar institutos públicos ou empresas públicas, entidades de fins singulares ou entidades instrumentais, que têm como objetivo prosseguir as atribuições destas pessoas públicas. A descentralização de base não territorial não é, contudo, imposta e assegurada pela Constituição, como acontece para a outra forma de descentralização. O Estado deve orientar-se nesse sentido, mas não é obrigatório que o faça. Muitos têm sido, contudo, os passos dados neste sentido no domínio da saúde (as ARS, I.P.) e educação (agrupamentos escolares).

– **O princípio da desconcentração administrativa**: este princípio recomenda que em cada pessoa coletiva pública as competências necessárias à prossecução das respetivas atribuições não sejam todas confiadas aos órgãos de topo de hierarquia, mas distribuías pelos diversos níveis de subordinados. Ora, esta distribuição de competências pelos diversos órgãos de uma p. c. p. pode resultar diretamente da lei, falando-se neste caso de desconcentração originária. Mas, pode derivar também da delegação de competências. Neste caso falamos de desconcentração derivada. A CRP dispõe que a estrutura da Administração pública deve realizar a desconcentração, mas não estabelece qual a dose ou medida certa de desconcentração que o legislador deve concretizar, pelo que este princípio previsto na CRP, no art. 267º, nº 2, é um princípio orientador, cuja concretização fica a cargo do legislador ordinário.

– O que se pode dizer em síntese quanto à conformação pelo legislador deste indirizzo constitucional e quanto aos eventuais riscos inerentes à respetiva concretização desequilibrada? Bem como se está a ser violado o princípio da intangibilidade das atribuições, permitindo que se ponha a cargo das autarquias autênticas atribuições que são exclusivamente do Estado?

Revelando uma tensão intrínseca no seio da organização do poder político, o artigo 6º da CRP proclama simultaneamente a unidade do Estado e os princípios da autonomia regional e da descentralização. E o art. 267º, nº 2 CRP, ao dispor que a lei deve estabelecer formas adequadas de descentralização e de desconcentração administrativas, reproduz esse mesmo conflito a nível da organização administrativa. Pelo que caberá ao legislador ordinário concretizar estes princípios, que não são, como se compreende, absolutos. Eles são princípios sujeitos a alguns limites: o ***princípio da unidade da ação administrativa*** visa, portanto, evitar que a descentralização e a desconcentração administrativas levem à perda da unidade do Estado por via da pulverização de centros de decisão potencialmente desconcentrados dentro da administração. Ao mesmo tempo, o princípio da unidade da ação administrativa permite atingir uma maior igualdade da atuação administrativa e dar sentido à responsabilidade política do Governo, enquanto órgão superior da administração pública (art. 182º CRP).

Em suma: a orientação consagrada na CRP, no art. 267º, nº 2, indica que cabe ao legislador ordinário repartir as atribuições entre as diversas pessoas coletivas públicas e distribuir as competências pelos diversos entes e órgãos administrativos, com respeito pelos princípios de descentralização e desconcentração e dentro dos limites da unidade de ação administrativa, bem como da complementaridade e cooperação entre Estado e Autarquias (municípios e freguesias) e intangibilidade das atribuições da cada uma das pessoas (Estado, Autarquias, Municípios e Freguesias), responsabilidade e solidariedade inter-regional e coesão social bem como acesso igualitário aos serviços e bens públicos, no quadro da racionalidade na despesa pública.

O princípio da unidade da ação administrativa visa, assim, corrigir ou atenuar as desvantagens dos princípios da descentralização e da desconcentração. Este não é um «contraprincípio» em face dos dois anteriormente referidos. Contudo, por virtude da sua própria natureza principal, pode eventualmente com eles colidir.

E resta, portanto, responder à pergunta: como chegar a um equilíbrio? Através do princípio da eficiência que impõe que em cada momento, sejam concretizáveis as soluções mais eficientes e rentáveis ou adequadas sob o ponto de vista da efetiva realização do interesse público a cargo da Administração Pública (Vieira de Andrade, *Lições de Direito Administrativo*, Coimbra, pp. 106 ss) e do ponto de vista do melhor acesso aos bens e serviços por parte dos utentes.

Assim, os princípios da descentralização e desconcentração devem ser consagrados dentro dos limites da unidade da ação administrativa, segundo o princípio da eficiência. A unidade de ação administrativa há de, pois, ser assegurada pelo Governo que é, nos termos da Constituição, «o órgão superior da administração pública (art. 182º), ao qual compete, entre outras tarefas, dirigir os serviços e a atividade da administração direta do Estado, superintender na administração indireta e exercer a tutela sobre esta e a administração autónoma (art. 199º, d) CRP = competência administrativa do governo). Constituem, pois, importantes instrumentos do princípio da unidade da administração os poderes de direção, tutela e superintendência (arts. 199º, d), e 267º, nº 2 CRP) e os poderes de fiscalização administrativa das entidades privadas que exerçam poderes públicos (art. 267º, nº 6 CRP); assim como os poderes de fiscalização, supervisão e disciplinar que a lei confere ao superior hierárquico sobre os subalternos (arts. 142º, nº 1 + 174º CPA + Estatuto disciplinar da função pública = EDFAAP) e os poderes que o regime jurídico da delegação de poderes confere ao delegante (arts. 35º a 40º CPA).

– ***Riscos e perigos relativos à descentralização em curso***, desde 2015 e sobretudo desde 2018, importando igualmente questionar o atual estado da arte do fluxo de delegação e competências do Estado nas autarquias locais e nas CIM's e refletir se este não está a descompensar o equilíbrio que da CRP emerge em relação à unidade do Estado, acesso igualitário e universal aos serviços e bens, coesão territorial e solidariedade inter-regional. Também aqui importa prever instrumentos corretivos da descentralização desenfreada do XXI e XXII Governo Constitucional. Respetivamente, a Comissão de Acompanhamento da descentralização, a DG das autarquias Locais e a Ministério da Modernização administrativa e das AL devem monitorizar, acompanhar, sindicar a atuação dos municípios e Freguesias, bem como das CIM's, e divulgar dados relativos ao processo em curso em todas as áreas de descentralização, de modo a que se perceba se durante 2021 as competências são exercidas e se os bens e serviços estão efetivamente a ser proporcionados nesses domínios, durante este período.

GRUPO III

CASO PRÁTICO A

1.

O caso em apreço debruça-se sobre a temática da delegação de poderes. Ora, como se sabe, a competência administrativa corresponde a um conjunto de poderes funcionais atribuídos por lei (ou regulamento) a um órgão administrativo, tendo como características fundamentais a funcionalidade, a legalidade, a imodificabilidade, a irrenunciabilidade e a inalienabilidade. Nesse sentido, os órgãos administrativos não podem renunciar à titularidade nem ao exercício da competência ou aliená-la, sob pena de invalidade (nulidade, nos termos do artigo 36º, nº 2 CPA). No entanto, o legislador previu a figura da delegação de poderes, a qual traduz-se numa "verdadeira auto-repartição da capacidade de decisão". Corresponde, pois, a uma desconcentração derivada, sendo o ato pelo qual um órgão da AP, normalmente competente para decidir em determinada matéria, permite, de acordo com a lei, que outro órgão ou agente pratique atos administrativos sobre a mesma matéria (cf. 44º, nº 1 CPA).

As dúvidas suscitadas no caso em apreço prendem-se quer com os requisitos da delegação e subdelegação de poderes ("dúvidas sobre a validade das atuações") quer com os atos de delegação e subdelegação propriamente ditos ("se existiu delegação, ela deveria ser publicamente conhecida").

A delegação de poderes obedece a determinados requisitos para que esteja conforme à ordem jurídica:

- ✓ A delegação de poderes no Conselho Diretivo do IPDJ provém do Secretário de Estado.

No entanto, os Secretários de Estado não dispõem de competências próprias senão aquelas relativas à gestão dos seus gabinetes (cf. 9º, nº 3 *a contrario* da Orgânica do Governo – DL nº 32/2022). Uma vez que está em causa o Secretário de Estado da Juventude e Desporto, que coadjuva a Ministra dos Assuntos Parlamentares (artigo 3º, nº 8 da Orgânica do Governo), **a competência originária é da Ministra dos Assuntos Parlamentares (artigo 19º, nº 4 da Orgânica do Governo).**

Eventualmente, também se reputará como correta a identificação da competência originária do Primeiro-Ministro, com fundamento no artigo 12º da Orgânica do Governo).

Assim, NUM PRIMEIRO MOMENTO: **<u>Delegação de Poderes da Ministra (ou PM) no Secretário de Estado</u>**

Requisitos:

a) **Lei de Habilitação** – Identificação do artigo 9º, nº 3 da Orgânica do Governo como Lei de Habilitação *(também se aceitaria a identificação do artigo 12º, nº 4)*. Não aplicação ao caso concreto do art. 44º, nº 3 do CPA (explicação).

b) **Existência de dois órgãos** – Ministra (ou PM) como delegante; Secretário de Estado como delegado.

c) **Ato de delegação propriamente dito** – Ato pelo qual o delegante concretiza a delegação de poderes no delegado (há, contudo, poderes que são indelegáveis – 45º CPA). Está em causa um ato de delegação restrita e genérica. Requisitos de validade (47º, nº 1 CPA) + requisitos de eficácia (47º, nº 2 CPA).

Uma vez que a competência não se presume, e atribuindo a lei tal competência originária à Ministra dos Assuntos Parlamentares, esta só poderia transmitir a competência mediante uma delegação de poderes, cumprindo todos os requisitos. Caso contrário, equivaleria a uma renúncia da competência, sendo tal ato nulo (cf. 36º, nº 2 CPA). E seria igualmente obrigatória a publicação do ato de delegação em Diário da República. A falta de publicidade como causa geradora da ineficácia da delegação de poderes (158º, nº 2 CPA), ***inquinando consequentemente os atos praticados pelo delegado e subdelegado(s).***

NUM SEGUNDO MOMENTO: **Subdelegação de Poderes do Secretário de Estado no Conselho Diretivo do IPDJ**

O artigo 12º, nº 4 da Orgânica do Governo permite que as competências possam ser subdelegadas, em consonância com o artigo 46º, nº 1 do CPA, que possibilita que o delegante (no caso a Ministra) autorize o delegado (Secretário de Estado) a subdelegar a competência. **São essas, pois, as normas de habilitação para a primeira subdelegação, passando o Secretário de Estado a ser, nesta relação, subdelegante, e o Conselho Diretivo do IPDJ subdelegado.**

O ato de subdelegação propriamente dito está sujeito aos mesmos requisitos do ato de delegação, nos termos do artigo 47º, nºs 1 e 2 CPA.

NUM TERCEIRO MOMENTO: **Subdelegação de Poderes do Conselho Diretivo do IPDJ no Presidente do IPDJ, ao abrigo do qual o Presidente do IPDJ celebrou um contrato de arrendamento.**

Nos termos do artigo **46º, nº 2 do CPA**, existe possibilidade das transmissões em cadeia a seguir, a menos que tal tenha sido proibido (pela lei ou por reserva expressa do delegante ou subdelegante). Tal como é indicado no enunciado, o Secretário de Estado (sub)delegou no Conselho Diretivo, com possibilidade de "subdelegação", pelo que não se descortina qualquer reserva expressa de proibição da subdelegação. Assim, **o Conselho Diretivo assume, nesta relação, a posição de subdelegante e o Presidente do IPDJ como subdelegado**.

Este ato de subdelegação está sujeito aos **mesmos requisitos que os atos anteriores** (cf. artigo 47º, nºs 1 e 2 do CPA).

Em suma, como nada se sabe acerca da primeira delegação, não há dados suficientes para se suscitar a (in)validade da cadeia de transmissão. Desde que aquela tenha sido válida e eficaz, e desde que as subdelegações também o tenham sido, não se poderá apontar quaisquer vícios.

2.

O poder de substituição do ato praticado pelo presidente do IPDJ por parte do Secretário de Estado poderá ser entendido sob duas perspetivas distintas:

i) Substituição como poder no âmbito da delegação de poderes. Nesse sentido, após a delegação de poderes, o delegado (e subdelegado) tem a possibilidade de exercer tais poderes, como se estes fossem exercidos pelo delegante. No entanto, o delegante (ou o subdelegante) continuam a ter certos poderes, tal como determina o artigo 49º do CPA. Ora, um desses poderes é justamente o poder de substituição, conforme dispõe o nº 2. Assim sendo, **o Secretário de Estado, como subdelegante, poderia efetivamente substitui o ato praticado pelo presidente do IPDJ (subdelegado), sobretudo por o considerar inconveniente**.

ii) Substituição como poder de tutela exercida sob os institutos públicos (Tutela Substitutiva). Nos termos da Orgânica do Governo, o IPDJ está compreendido na Presidência do Conselho de Ministros (12º, nº 3, al. l), sujeito, portanto, a poderes de tutela e superintendência, uma vez que se trata de um instituto público – cf. artigos 7º e 41 e ss. da LQIP – os quais são exercidos, desde logo, pela Ministra dos Assuntos Parlamentares (artigo 19º, nº 4 da Orgânica do Governo).

Nesse sentido, determina o artigo 41º, nº 9, da LQIP, que "o membro do Governo da tutela goza de tutela substitutiva na prática de atos legalmente devidos, *em caso de inércia grave do órgão responsável*". À luz das coordenadas fornecidas, não parece que se trate de inércia, muito menos grave, pelo que **a tutela substitutiva não seria possível no caso concreto**.

CASO PRÁTICO B

– **Enquadramento:**

As Autarquias Locais, que integram a Administração Autónoma, e cuja existência é constitucionalmente obrigatória (artigo 235º CRP), são pessoas coletivas públicas de base territorial, correspondentes aos agregados de residentes em diversas circunscrições do território nacional e que asseguram a prossecução de interesses comuns resultantes da proximidade geográfica, mediante a atividade de órgãos próprios representativos das respetivas populações (órgãos eleitos). Falar em Autarquias Locais implica apelar ao conceito de Autonomia Local: liberdade, direito de decisão não subordinada a outrem e correspondente responsabilidade (cfr. artigo 6º, nº 1, CRP + CEAL).

– **Quanto à Decisão nº 1:**

Em primeiro lugar, é necessário aferir quem tem a competência originária para ordenar a demolição de construção com fundamento em ruína: esta é uma competência da Câmara Municipal (cfr. artigo 33º, nº 1, w) RJAL).

[Não confundível com a competência própria do presidente da câmara, prevista no artigo 35º, nº 2, al. k) RJAL]

A Câmara Municipal é o órgão colegial executivo do Município (artigo 250º e 252º CRP +5º, nº 2 e 6º, nº 2 da Lei nº 75/2013 – RJAL), sendo constituída pelo Presidente e pelos Vereadores, um dos quais vice-presidente (cfr. artigo 56º, nº 1 da Lei nº 169/99);

Obedecendo a competência aos princípios da funcionalidade, legalidade, imodificabilidade, irrenunciabilidade e inalienabilidade, tal significa que a transmissão para um outro órgão (ou agente) só poderia operar-se por via da figura da delegação de competências, como parece suceder no caso concreto ("ao abrigo de uma competência delegada"). Caso contrário, equivaleria a renúncia da titularidade ou do exercício da competência, cominada com nulidade (36º, nº 2 CPA).

A delegação de competências corresponde a uma desconcentração derivada e traduz uma auto-repartição da capacidade de decisão.

Nos termos do artigo 44º, nº 1 CPA, os órgãos administrativos normalmente competentes para decidir em determinada matéria podem, sempre que para tal estejam habilitados por lei, permitir, através de um ato de delegação de poderes, que outro órgão ou agente pratique atos administrativos sobre a matéria. No caso concreto, delegação entre órgãos/agentes da mesma pessoa coletiva pública (Município).

A delegação de competência obedece a requisitos (de validade e de eficácia). Identificação em abstrato dos requisitos

Verificação dos requisitos no caso concreto:

- 1º LEI DE HABILITAÇÃO – exclusão da norma de habilitação geral do artigo 44º, nº 3 CPA, uma vez que (1) a ordem de demolição não configura um ato de administração ordinária, (2) nem sequer estamos perante uma relação hierárquica (referência à inexistência de hierarquia entre a Câmara Municipal e os seus membros individualmente considerados); Identificação da norma de habilitação: artigo 34º, nº 1 do RJAL (permite a delegação de certas competências da Câmara Municipal no seu Presidente – nenhuma das exceções previstas corresponde à competência em causa);
  Sucede que, no caso concreto, a decisão foi emitida pelo Vereador do Urbanismo. Estamos, portanto, perante uma subdelegação do Presidente da Câmara no Vereador. O artigo 46º, nº 1 CPA preceitua que, salvo disposição legal em contrário, o delegante pode autorizar o delegado a subdelegar. Ora, tal é notório no artigo 34º, nº 1, 2ª parte do RJAL, que permite que certas competências delegadas pela Câmara Municipal no seu Presidente possam ser por este subdelegadas em qualquer dos vereadores, o que aparenta verificar-se no caso concreto;
- 2º EXISTÊNCIA DE DOIS ÓRGÃOS
  - Quanto à delegação: DELEGANTE (Câmara Municipal); DELEGADO (Presidente da Câmara Municipal); – Quanto à subdelegação: SUBDELEGANTE (Presidente da Câmara); Subdelegado (Vereador do Urbanismo); – A Delegação e a Subdelegação em causa como delegação/subdelegação de poderes fora de uma relação hierárquica;

- 3º ATO DE DELEGAÇÃO PROPRIAMENTE DITO – Ato pelo qual o delegante concretiza a delegação dos seus poderes no delegado, permitindo ainda, no caso, a subdelegação dos poderes [N.B. não confundível com o ato praticado ao abrigo da (sub)delegação, que no caso concreto é a ordem de demolição do muro]. Nos termos do artigo 47º, nº 2 do CPA, em articulação com os artigos 158º e 159º CPA, os atos de delegação ou subdelegação estão sujeitos a publicação, sob pena de ineficácia.

No caso concreto, o ato de delegação teria de ser publicado no Boletim da Autarquia e no seu sítio institucional (cfr. art. 56º RJAL).

Em suma, o Vereador do Urbanismo só seria competente para a prática do ato ao abrigo de uma subdelegação de poderes (válida e eficaz) do Presidente da Câmara em quem, por seu turno, a Câmara Municipal, que é o órgão a quem a lei atribui aquela competência, havia delegado (de forma válida e eficaz). Só nesses termos não se suscitariam problemas de invalidade do ato.

[A impugnação administrativa da decisão poderia ser feita mediante um recurso administrativo para a Câmara a Municipal – cfr. 34º, nº 2 RJAL].

- **Quanto à Decisão nº 2:**

A Assembleia Municipal é o órgão colegial deliberativo do Município (artigos 250º e 251º CRP + artigos 5º, nº 2 e 6º, nº 1 da Lei nº 75/2013 – RJAL), sendo constituída pelos presidentes de junta de freguesia e por membros eleitos diretamente (cfr. artigo 42º, nº 1 da Lei nº 169/99);

No que respeita às suas competências, encontram-se previstas no artigo 25º (competências de fiscalização e apreciação) e no artigo 26º (competências de funcionamento) do RJAL; nos termos do artigo 49º do RJAL, as sessões dos órgãos deliberativos das autarquias locais são públicas, compreendendo um período de esclarecimento ao público (nº 1). Nesses termos, António poderia efetivamente ter estado presente na reunião em causa.

No entanto, a nenhum cidadão é permitido intrometer-se nas discussões, aplaudir ou reprovar as opiniões emitidas, as votações feitas ou as deliberações tomadas (nº 4), sob pena de ser punido com uma coima para cuja aplicação é competente o juiz da comarca (nº 5, 1ª parte). O presidente da Assembleia Municipal não tem, portanto, competência para a aplicação da coima em causa, podendo apenas participar aquela violação (nº 5, *in fine*, devendo ainda conjugar-se com o artigo 30º do RJAL que prevê as competências do presidente da assembleia municipal)

Estamos, portanto, perante uma decisão ferida por vício de usurpação de poderes, pelo que a decisão do presidente da Assembleia Municipal é nula, nos termos do artigo 161º, nº 2, alínea a) CPA.

DIREITO ADMINISTRATIVO II

Prova Modelo

(Prova Parcelar de 12.03.2022)

Enunciado

GRUPO I

Tendo em conta a Deliberação do Conselho de Gestão da Universidade X, deliberação nº 05/2019, de 23 de março de 2019, **Barialay**, Estudante afegão do Curso de Mestrado, requereu a anulação do pagamento de propinas vincendas ao Administrador da Universidade X, invocando um justo impedimento, dada a insuficiência económica-financeira decorrente do período interno de instabilidade política ocorrida no Afeganistão e a impossibilidade da sua deslocação a Portugal, que coincidiu com a inscrição do estudante durante o ano letivo 2020-2021.

Nesta sequência, tendo considerado que aquele não preenchia os pressupostos fixados no regime a aplicar, **o Administrador da Universidade X, ao abrigo de uma competência delegada, indeferiu o requerimento do Estudante.**

Barialay, considerando-se injustamente lesado pela decisão, que considera ademais ilegal, entende ter direito ao ato devido, que é a isenção do pagamento da propina que assim se traduz numa "maldita dívida", correspondente ao ano letivo em que estava inscrito e não frequentou o curso na totalidade, uma vez que no quadro normativo em causa a aplicar pelo Administrador da Universidade X não há qualquer margem de discricionariedade – pelo que outra deveria ter sido a decisão, dada a ostensiva situação de justo impedimento.

Para o efeito, considere o art. 1º:

"1. O Conselho de Gestão autoriza a anulação das prestações vincendas da propina devida pela inscrição no ano letivo em que se constata uma situação de justo impedimento.

2. Considera-se existir justo impedimento quando se verifica um facto superveniente ao termo final do prazo de anulação da inscrição no ano letivo corrente e facto absolutamente impeditivo da frequência e conclusão do ano letivo a que a dívida se reporta, desde que seja comunicado por escrito à Universidade X e devidamente instruído com prova documental bastante. Considera-se o período mínimo de 3 meses consecutivos, como prazo impeditivo de concretizar as unidades curriculares a que está inscrito.

3. Aqui se subsumirão os casos de:

a) Doença do aluno, considerando o período mínimo referido de 3 meses consecutivos, desde que o aluno comunique à Universidade a impossibilidade de frequentar e concluir o ano letivo a que a dívida se reporta, em virtude do seu estado de saúde. A comunicação deve ser efetuada por escrito, no prazo de 30 dias a contar da constituição da possível situação de justo impedimento e devidamente instruída com prova documental bastante;

b) Doença de familiar do aluno, considerando o período mínimo de 3 meses consecutivos, desde que o aluno comunique à Universidade X a impossibilidade de frequentar e concluir o ano letivo a que a dívida se reporta, em virtude do estado de saúde de familiar que tem de acompanhar decorrente da doença. A comunicação deve ser efetuada por escrito, no prazo de 30 dias a contar da constituição da possível situação de justo impedimento e devidamente instruída com prova documental bastante;

c) Alunos estrangeiros que se inscrevem na Universidade X e que, por motivos alheios a estes e devidamente comprovados, não conseguem obter o visto de entrada em Portugal em tempo útil".

QUID IURIS?

GRUPO II

Comente: "No domínio da atividade administrativa, o direito administrativo contemporâneo só pode conceber que o procedimento administrativo formalizado seja o modo geral de desenvolvimento das atividades públicas".

RESOLUÇÃO

ENQUADRAMENTO TEÓRICO

- ***O que é a discricionariedade e quais os seus fundamentos?***
  - ✓ O caso em análise versa sobre a discricionariedade administrativa, o que implica, no imediato, que se **contraponha os atos vinculados aos atos discricionários.** Assim, enquanto o ato vinculado é aquele cujo conteúdo é fixado pela lei, não cabendo à Administração qualquer margem conformadora, o ato discricionário é aquele em que a Administração, ao abrigo de uma concessão pelo legislador, fixa o grau das modificações pretendidas.
  - ✓ Isso não significa, no entanto, que a discricionariedade seja um poder à margem da lei. Pelo contrário**, o poder discricionário é um poder jurídico conferido por lei,** em que se exige à AP uma tensão criadora do direito no caso concreto. Assim, **a escolha discricionária é uma decisão jurídica**, intrínseca ao dever de boa administração, impondo-se

que seja uma escolha certa, correta e justa. A discricionariedade não pode, por isso, significar uma escolha total do conteúdo, mas aquela que seja consentida pela lei, respeitando os limites jurídicos e seguir critérios jurídicos.
A discricionariedade é, ainda, uma concretização do princípio da legalidade, estando a AP sempre vinculada aos fins e à competência.

✓ A discricionariedade envolve uma **tensão entre os princípios do Estado de Direito e da separação de poderes.** Desse modo, se o princípio do Estado de Direito tende a controlar o mais possível a ação da Administração, com vista à proteção dos direitos dos cidadãos, daqui decorrendo uma visão da discricionariedade enquanto "perigo nas mãos da Administração" que exige tanto uma maior determinação legislativa do conteúdo dos atos quanto uma mais intensa fiscalização judicial da AP, o princípio da separação de poderes contrapõe tal visão: a partir deste, é possível descortinar que a AP tem igual dignidade à do poder legislativo e à do poder judicial, para além da legitimidade democrática (direta ou indireta) dos seus órgãos e da sua capacidade técnica, não devendo exercer, por isso, uma mera atividade executiva da lei, devendo a lei conceder-lhe espaço de conformação. Compreende-se, pois, que haja uma interdependência entre os poderes e, em particular, uma distribuição de tarefas entre a Administração e o Juiz: a autoria dos atos e inerente responsabilidade pela prossecução do interesse público cabem à Administração; e a fiscalização da conformidade ou compatibilidade dessa atuação administrativa com as normas legais e os princípios jurídicos compete aos tribunais.

✓ Ponderação das vantagens/desvantagens do poder discricionário.

- ***Formas de atribuição da discricionariedade***

(i) Técnica da indeterminação estrutural das normas

Haverá discricionariedade quando o legislador, não determinando uma única estatuição possível, tiver empregue a forma verbal "pode" ou quando tiver incluído várias medidas em alternativa. Trata-se, portanto de elementos de permissão de ação.

(ii) Técnica da indeterminação conceitual ou conceptual
Haverá discricionariedade quando o legislador tiver empregue, quer na hipótese quer na estatuição, conceitos indeterminados. Não obstante, **nem todos os conceitos indeterminados atribuem poder discricionário.** Efetivamente, o facto de a norma administrativa utilizar um conceito indeterminado não significa necessariamente que nela esteja presente a intenção de devolver à AP a última palavra sobre a aplicação desse conceito. **Os conceitos indeterminados só serão atributivos de discricionariedade quando haja uma intencionalidade normativa de abertura para valoração própria da AP.** Assim, excluem-se desta técnica os conceitos classificatórios (cuja imprecisão é resolvida em sede de interpretação jurídica) e incluem-se os conceitos imprecisos tipo (envolvem um juízo de ponderação e decisão administrativa).Os conceitos imprecisos tipo abarcam: juízos de valor, elementos de prognose e conceitos subjetivos.

(iii) Detenção de poderes de avaliação ou decisão da AP
Resultam da colocação pelo legislador nas mãos da Administração do poder de tomar decisões para as quais apenas indicou o fim e o órgão compete (ou pouco mais), sem que aquele tenha indicado alternativas ou recorrido à utilização concreta de conceitos indeterminados.

- ***Controlo Jurisdicional da Discricionariedade***
  - ✓ A existência de poder discricionário implica que a AP tenha a última palavra, isto é, que tanto o legislador como os tribunais respeitem a decisão daquela. Isto não significa, porém, que as decisões administrativas emanadas ao abrigo de poder discricionário estejam isentas de controlo jurisdicional.

As decisões discricionárias são, na verdade, decisões com momentos discricionários, incidindo o controlo jurisdicional quer sobre momentos exteriores à discricionariedade – momentos vinculados (fim, competência, cumprimento das proibições legais e da tramitação procedimental obrigatória) quer sobre os momentos discricionários mas desde que não contendam com o espaço de valoração próprio da AP (cfr. artigo 3º, nº 1 CPTA). **O Tribunal não pode, assim, reapreciar o ato da Administração para o substituir por outro** (controlo atenuado);

✓ Mas o juiz **deve agir e anular os atos** praticados ao abrigo de poder discricionário **quando** detete:

a) Desvio de poder;
b) Violação Ostensiva dos princípios jurídicos norteadores da atividade administrativa;
c) Erro de facto;
d) Erro manifesto de apreciação;
e) Falta de fundamentação (***justificação,*** isto é, a decisão deve compreender a enunciação dos pressupostos de facto da ação que a norma legal enuncia em abstrato na hipótese + ***motivação***, isto é, os interesses que no juízo da administração foram determinantes para a definição de um especial conteúdo do ato).

(enunciação e necessidade de explicação de cada um)

ANÁLISE DO CASO CONCRETO

- AFERIÇÃO DA PRESENÇA (OU NÃO) DAS TÉCNICAS DE ATRIBUIÇÃO DE DISCRICIONARIEDADE

✓ No contexto normativo em questão, **não se encontra presente a técnica da indeterminação estrutural da norma,** visto que não se encontra presente nem o elemento de ligação "pode" (não há aqui subjacente um princípio de oportunidade) nem sequer medidas alternativas, pois com estas não se confundem as situações previstas nas diversas alíneas do artigo 1º, nº 3 que são circunstâncias configuráveis e admissíveis para a sustentação do pedido de anulação de propinas vincendas.

- ✓ Quanto à **técnica da indeterminação conceitual:** ***o problema coloca-se em relação ao conceito composto de "justo impedimento".***

  Na verdade, a Administração ***autovincula-se*** por força da densificação do conceito, isto é, pela fixação dos seus pressupostos, reduzindo assim o seu espaço de apreciação e decisão, seja pelo nº 2 seja pelo nº 3. Quanto a este, impõe-se, no entanto, o seguinte:

  - o ***Na alínea a)*** – "doença do aluno" é um conceito classificatório, objetivamente preenchido pela Administração. Para além disso, encontram-se fixados os demais pressupostos, designadamente quanto à forma e pressupostos da comunicação pelo aluno.
  - o ***Na alínea b)*** – esta **encerra verdadeiramente discricionariedade administrativa**, na medida em que o conceito de "doença de familiar do aluno" alarga o campo de apreciação e decisão da Administração. Repare-se que o conceito de "familiar" é bastante abrangente, podendo a ele se subsumir um conjunto de pessoas (irmãos, pais, avós, tios, sobrinhos, etc..). Repare-se ainda que a norma alude à circunstância da anulação de propinas vincendas decorrer do facto de o estudante "ter de acompanhar o familiar doente" em virtude da doença. Sendo certa a necessidade de prova documental, à Administração caberá uma ampla margem de apreciação e decisão.
  - o ***Na alínea c)*** – o conceito de "alunos estrangeiros" e a não obtenção de visto de entrada por "motivos alheios" subsumem-se à categoria dos conceitos classificatórios, preenchidos objetivamente, seja por recurso a conhecimentos científicos ou técnicos seja por recurso a conhecimentos jurídicos.

- ✓ Quanto à **Detenção de poderes de avaliação ou decisão da AP**

  O contexto normativo em causa, como se verificou, ainda que empregue conceitos indeterminados tipo na alínea b), não se limita a indicar apenas o fim e o órgão competente, antes fixando pressupostos norteadores da ação, de modo a reduzir os espaços de avaliação e decisão da AP.

CONCLUSÃO: O Argumento do estudante não prossegue, na medida em que o contexto normativo (alínea b) é atributivo de poder discricionário.

- CONTROLO JURISIDICONAL DA DECISÃO
  - ✓ Na medida em que há uma autovinculação administrativa, nos termos descritos, o controlo jurisdicional sobre a decisão em causa será muito mais intenso, relevando sobretudo a **importância da fundamentação da decisão administrativa,** por forma a detetar-se se houve *erro manifesto na apreciação dos factos* que suportam o pedido para a anulação das propinas vincendas ou ainda *a violação ostensiva de princípios jurídicos* (designadamente o princípio da proporcionalidade), na medida em que, tendo sido invocada "a instabilidade política ocorrida no Afeganistão e a impossibilidade da sua deslocação a Portugal, que coincidiu com a sua inscrição durante o ano letivo 2020-2021", esta situação (reconduzível ao "justo impedimento") é de conhecimento amplo e global, não podendo, por si só, sustentar uma decisão de "indeferimento" com fundamento no não preenchimento dos pressupostos fixados pelo regime a aplicar. Acresce a ***necessidade de problematização de um nexo entre a "insuficiência económico-financeira decorrente da instabilidade política" invocada e a "não obtenção do visto".***

É, assim, necessário perceber, a partir da decisão administrativa, que outras razões pudessem efetivamente sustentar aquele indeferimento com fundamento no "não preenchimento dos pressupostos" (por exemplo: ausência de prova documental bastante – designadamente, da não obtenção do visto – ou pedido não devidamente instruído).

GRUPO II

Noção de procedimento administrativo: artigo 1º do CPA

"Entende-se por procedimento administrativo a sucessão ordenada de atos e formalidades relativos à formação, manifestação e execução da vontade dos órgãos da Administração Pública" (artigo 1º, nº 1, do CPA).

Elenco das fases procedimentais
Objetivos e vantagens do procedimento Administrativo

Resultam da leitura do artigo 267º, nº 5 da CRP e podemos agrupá-los em 4 objetivos principais:

- Disciplinar da melhor forma possível o desenvolvimento da atividade administrativa, procurando assegurar a racionalização dos meios a utilizar pela administração, evitando a burocratização e aproximando os serviços das populações (princípio da eficiência);
- Salvaguardar os interesses legítimos e os direitos subjetivos dos particulares, impondo a AP todas as cautelas para que eles sejam respeitados ou, quando tenham de ser sacrificados, o sejam de forma legal e não excessiva (garantir que a AP respeitou os direitos e interesses legalmente protegidos dos cidadãos);
- Esclarecer o melhor possível a vontade da AP, de modo que sejam sempre tomadas decisões legais e adequadas à luz do dever de a AP prosseguir o interesse público do ponto de vista jurídico, técnico, financeiro (princípio da legalidade e da boa administração);
- Assegurar a participação dos interessados na formação das decisões que lhe dizem respeito, possibilitando um confronto de opiniões entre a AP e os interessados o que contribui para uma decisão ponderada e devidamente discutida (democracia participativa).

Importância do procedimento Administrativo:

- Necessidade de que a Administração resolva os assuntos em tempo razoável, respeitando os prazos;
- Direito de resposta dos cidadãos aos requerimentos que apresentem junto da AP, num prazo previsto na lei;
- Direito de audição dos cidadãos sobre as matérias que lhe interessam, especialmente se a decisão lhes for desfavorável;
- Direito dos cidadãos de que o procedimento decorra dentro de certas regras, que se esperam claras e adequadas.

DIREITO ADMINISTRATIVO II

Prova Modelo
(Prova Parcelar de 14.05.2022)

Enunciado

GRUPO I

Comente:

1. "A lei de responsabilidade civil extracontratual do Estado e demais Entidades Públicas de 2007, pese embora alguma inovação, ficou aquém das expectativas e das necessidades, obrigando a um esforço hermenêutico constante por parte de quem a aplica".

GRUPO II

Um Centro de Investigação de uma Universidade Pública desencadeou um procedimento concursal com vista ao recrutamento de um bolseiro tendo em vista a execução de tarefas no âmbito de um projeto financiado pelo Programa 2020, que se prolongará por 24 meses.

Ao concurso apresentaram-se 3 candidatas, A, B e C., tendo esta sido imediatamente excluída em virtude de não ter instruído devidamente a candidatura e de não reunir os requisitos solicitados no edital de abertura do procedimento.

Após avaliação pelo júri, A e B foram notificadas da lista final, acompanhada de um quadro com a classificação numérica atribuída, tendo A sido seriada em primeiro lugar.

Neste contexto, diga o que lhe aprouver em relação a cada um dos seguintes cenários:

1. C, considerando "dispor do prazo de dez dias úteis para, querendo, se pronunciar em sede de audiência", considera a decisão de exclusão nula, uma vez que nunca foi ouvida naquele procedimento concursal.

2. B, não compreendendo a razão da ordem estabelecida na lista final de seriação, requereu o acesso às atas das reuniões do júri, tendo o Presidente do júri negado o acesso, por entender que as mesmas contêm dados pessoais de A.

3. **Em hipótese diversa,** considere que B, depois de aceder às atas, verifica que:
   i) um membro do júri havia sido orientador de tese de doutoramento de A;
   ii) e que na segunda ata sobre os métodos de avaliação, e a propósito da avaliação curricular, consta a menção de que a candidata tem um percurso curricular que "revela muita aptidão e motivação para a atividade de investigação a desenvolver no projeto".

Neste sentido, descontente com a seriação efetuada, B pretende recorrer, sendo que o regulamento de atribuição de bolsas de investigação da Universidade prevê que "cabe recurso da lista final de seriação, no prazo de 7 dias úteis, para o Reitor da Universidade".

Diga como deve B reagir, do ponto de vista das suas garantias, e que fundamentos poderá invocar a seu favor para esse efeito.

Resolução

Grupo I

- Novidades introduzidas pela Lei nº 67/2007:
  - No que respeita à ***Responsabilização do Estado-Julgador***:

✓ Responsabilidade por danos ilicitamente **causados pela administração da justiça (art. 12º)**, incluindo a violação do direito a uma decisão em prazo razoável, integrando tanto os atos materialmente administrativos dos serviços da justiça como os atos jurisdicionais propriamente ditos.

✓ Responsabilidade **por erro judiciário (art. 13º),** o que abarca decisões manifestamente inconstitucionais ou ilegais e decisões assente em erro na apreciação dos pressupostos de facto.

✓ Sendo certo que **os magistrados não podem ser diretamente responsabilizados** pelos danos decorrentes dos atos que pratiquem no exercício das suas funções, se os danos forem provocados com dolo ou culpa grave o Estado goza de direito de regresso contra eles, embora tal direito esteja condicionado – ao contrário do que sucede em relação ao direito de regresso contra os restantes funcionários públicos – pela vontade do órgão competente para o exercício do poder disciplinar (artigo 14º).

  - No que respeita à ***Responsabilização do Estado-Legislador:***

✓ O Estado e as Regiões Autónomas são responsáveis pelos danos anormais causados aos direitos ou interesses legalmente protegidos dos cidadãos por **atos** que, no exercício da função político-legislativa, pratiquem, **em desconformidade com a Constituição, o direito internacional, o direito europeu ou ato legislativo de valor reforçado (art. 15º, nº 1),** sendo a decisão sobre a existência (ou não) de ilícito legislativo suscetível de recurso de constitucionalidade ou de recurso de ilegalidade (isto é, o TC pronuncia-se, confirmando ou revogando o juízo formulado nos tribunais administrativos).

✓ Ainda, pode responder pelos danos anormais que resultem da **omissão de providências legislativas necessárias para tornar exequíveis normas constitucionais**, sendo que, nestes casos, a constituição em responsabilidade depende da prévia verificação de inconstitucionalidade por omissão pelo Tribunal Constitucional (art. 15º, nºs 3 e 5).

- No que respeita à ***Responsabilização do Estado-Administrador:***

✓ Salienta-se sobretudo a imposição (e indemnização) pelo sacrifício, isto é, a imposição de **encargos ou danos especiais** (aqueles que incidem sobre uma pessoa ou grupo, sem afetar a generalidade das pessoas, violando assim o princípio da igualdade) **e anormais** (aqueles que ultrapassem os custos de vida em sociedade), **por razões de interesse público (artigo 16º)**.

– **Fraquezas da Lei nº 67/2007,** destacando-se:

- **Insuficiências no que respeita aos danos decorrentes do incumprimento do Direito da União Europeia.** O legislador nacional não teve em conta (ou teve pouco em conta) este problema. De facto, apenas teve em consideração este erro no contexto da responsabilidade por facto imputável ao Estado legislador, nos termos do art. 15º, e na responsabilidade por atos ilegais praticados pelas entidades adjudicantes no domínio de alguns contratos públicos (art. 7º, nº 2), pelo que **devê-lo-ia ter tido em conta também no artigo 9º, nº 2**, a propósito da responsabilidade pelo exercício da função administrativa, **e no artigo 13º,** no âmbito do regime da responsabilidade por facto imputável ao Estado-juiz, devendo mencionar o erro judiciário por erro na interpretação ou aplicação do Direito da União Europeia.
- **Insuficiências quanto ao regime da responsabilidade da administração da justiça, por violação do prazo razoável.** É um facto que o legislador nacional não acolheu jurisprudência do TEDH no que respeita à responsabilidade do Estado-juiz pelos danos decorrentes do mau funcionamento

do serviço de justiça, ***especialmente pela violação do direito à emissão de sentença em prazo razoável*** (artigo 12º), mandando, ao invés, aplicar o regime da responsabilidade civil por facto imputável à função administrativa, o que se revela, no mínimo, insuficiente.

- Metodologia de Superação:
  - Necessidade de se ***considerar a jurisprudência do TJUE,*** harmonizadora no que respeita ao incumprimento imputável Estado-Administração, ao Estado-legislador e ao Estado-juiz, e segundo a qual **deverão ser afastados os pressupostos da responsabilidade previstos no regime nacional.** Assim, quando em causa esteja a responsabilidade por dano imputável ao Estado-administrador, Estado-Juiz e Estado-legislador, **por dano decorrente de errada interpretação ou aplicação do Direito Europeu,** existirá um direito à reparação dos danos resultantes do incumprimento estadual quando:
  - ✓ a regra de direito comunitário violada tenha por objeto conferir direitos aos particulares;
  - ✓ a violação seja suficientemente caracterizada;
  - ✓ exista um nexo de causalidade direto entre a violação (manifesta) e o prejuízo sofrido pelos particulares.
  - Quanto à **violação do prazo razoável**, importa ***ter em conta a jurisprudência do TEDH,*** segundo a qual não há lugar a apurar da culpa, importando aferir da ilicitude, do dano e do nexo de causalidade entre facto ilícito e dano, sendo certo que se impõe acolher a orientação do TEDH no que respeita à *consideração do dano não patrimonial*, sendo este dano ínsito ao dano indemnizável, devendo presumir-se a sua existência nos termos do *id quod plerumque accidit,* sendo certo que, quanto ao *quantum debeatur*, de acordo com o TEDH, por cada ano de atraso, o lesado deve obter uma indemnização suficiente que deve ser calculada de acordo com o critério dos casos semelhantes ou da mesma espécie, segundo a bitola europeia.

GRUPO II (CASO PRÁTICO)

1.

- **Enquadramento:** Importa, desde logo, compreender que o procedimento concursal em questão afigura-se como verdadeiro procedimento administrativo, de iniciativa pública (53º CPA), tendente à emanação de um ato administrativo que, no caso concreto, será a homologação pelo órgão decisório da lista final com a seriação dos candidatos, tal se traduzindo frequentemente numa concordância com a proposta de seriação, mas que, de facto, constituiu o ato jurídico que decide/resolve o procedimento.
- **Qualificação jurídica da decisão de exclusão da candidata C.** É necessário partir-se do conceito previsto no artigo 148º CPA, segundo o qual consideram-se atos administrativos (i) as decisões que, (ii) no exercício de poderes jurídico-administrativos, (iii) visem produzir efeitos jurídicos externos (iv) numa situação individual e concreta. Da sua depuração, é forçoso concluir que, do ponto de vista material e procedimental, o ato administrativo não deixa de se circunscrever aos atos de conteúdo decisório e com eficácia jurídica externa, isto é, aos atos que regulem uma situação jurídica, com capacidade para resolver uma certa conduta ou determinando-lhe um sentido e cujos efeitos jurídicos se projetem para além da esfera da entidade que praticou o ato, atingindo a esfera de terceiros, sejam estes públicos ou privados. Faltando-lhe algum desses elementos, estaremos perante a categoria dos atos instrumentais (que inclui, designadamente, ordens de serviço, atos meramente preparatórios; atos de pura execução).

  Ora, a decisão de exclusão da candidata C. do procedimento concursal não pode deixar de qualificar-se como ato administrativo, sendo um ato destacável, isto é, um ato que, apesar de inserido no procedimento, possuiu caráter decisório e produz autonomamente efeitos externos, uma vez que define precisamente a situação jurídica de C. em relação ao procedimento concursal.

- **Fundamentos para a invalidade do ato.** A validade do ato administrativo traduz-se na qualidade de este se constituir em conformidade com a ordem jurídica. Se o ato administrativo estiver em desconformidade com os requisitos que lhe são impostos pela juridicidade, o ato padece de um vício, tendo por consequência um desvalor jurídico (irregularidade, invalidade ou inexistência) O argumento invocado pela candidata para suportar a invalidade do ato prende-se com a preterição de uma formalidade procedimental: a audiência dos interessados. Esta, consagrada no artigo 121º e seguintes do CPA, concretiza o preceito constitucional relativo à participação dos interessados na formação da decisão administrativa (267º, nº 5 CRP). A regra é a de que a audiência dos interessados é obrigatória sempre que a decisão da AP seja em sentido desfavorável aos interessados (cf. 121º, nº 1 e 124º, nº 1 *a contrario*), podendo, no entanto, ser dispensada pelo responsável pela direção do procedimento nas situações taxativamente previstas no artigo 124º, nº 1 do CPA. No caso concreto, parece inexistir qualquer fundamento para a dispensa da audiência prévia, pelo que ela era obrigatória, devendo C. ter sido notificada para se pronunciar em prazo não inferior a 10 dias (122º, nº 1 CPA). Nesse sentido, o ato de exclusão padece de um vício formal, por preterição da formalidade da audiência prévia, cuja consequência jurídica é a invalidade.
- **Quanto ao tipo de invalidade em causa,** sendo certo que há dissenso doutrinário, descortina-se como mais plausível a anulabilidade (163º CPA), na medida em que se entende que, ao contrário dos procedimentos sancionatórios (*ex vi* artigo 32º, nº 10 CRP), nos demais procedimentos a audiência dos interessados não constitui um direito fundamental análogo a direitos, liberdades e garantias, pelo que se entende não ser aplicável o artigo 161º, nº 2, alínea d) CPA. Em suma, o ato que exclui C. do procedimento é anulável (163º, nº 1 CPA). Nesse sentido, nos termos dos artigos 163º, nºs 2 a 4; 164º; 169º e 171º CPA (e 50º e ss' do CPTA), os atos anuláveis (i) produzem efeitos

jurídicos; (ii) caracterizam-se pela vinculatividade e executoriedade; (iii) consolidam-se na ordem jurídica por decurso do tempo; (iv) são passíveis de sanação; (v) carecem de anulação jurisdicional ou anulação administrativa; (vi) a anulação tem, em regra, caráter retroativo, sendo (vii) a competência para o seu conhecimento de carácter restrito e (viii) carecem de alegação perante os tribunais.

2.

- **Qualificação jurídica da situação:** está em causa o exercício do direito de acesso à informação administrativa, assegurado pela CRP no artigo 268º, sendo que este pode dizer respeito à informação procedimental ou à informação extraprocedimental.
  Assim, por um lado, o direito à informação procedimental (268º, nº 1 CRP) tem por objeto o estado ou as decisões tomadas no decurso de certo procedimento administrativo e tem por destinatários os sujeitos interessados no seu decurso, seguindo o disposto nos artigos 82º a 85º do CPA, desdobrando-se em três componentes essenciais: i) direito "geral" de informação sobre o andamento e decisões tomadas em certo procedimento (cf.82º CPA); ii) direito de consulta de processo relativo ao procedimento (83º CPA); e iii) direito de obter certidões que atestem certos factos ou decisões a ele relativas (84º CPA).
  Por outro, o direito à informação extraprocedimental (268º, nº 2 CRP) tem por objeto o acesso aos "arquivos e registos administrativos", independentemente da pendência de qualquer procedimento em concreto, seguindo o disposto na Lei de Acesso à Informação Administrativa e Ambiental (Lei nº 26/2016).
- **Apreciação do acesso negado**: não resultam dúvidas de que está em causa o direito de acesso à informação procedimental, na vertente de consulta do processo (83º CPA).
  A candidata B. afigura-se como "interessada", seja nos termos do artigo 82º, nº 1, uma vez que o procedimento lhe diz diretamente respeito, seja na qualidade de titular de interesses jurídicos individualizados (cf. artigos 65º e 68º CPA).

Por conseguinte, tinha direito a consultar o processo em causa (83º, nº 1 CPA), sendo certo que tal direito abrange documentos relativos a terceiros (83º, nº 2 CPA). No entanto, o direito de acesso pode ser restringido, designadamente quanto aos documentos nominativos, que contenham dados pessoais, embora, ainda assim, em certas circunstâncias, o direito de acesso possa exercido (nos termos do artigo 6º da Lei nº 26/2016).

3.

- **Quanto à interposição de Garantias Administrativas,** os interessados podem designadamente lançar mão de reclamações e recursos administrativos, designadamente com vista à impugnação de atos administrativos (184º, nº 1, al. a) CPA). Identificação da garantia administrativa: A candidata B. deveria lançar mão de um recurso administrativo especial que está expressamente previsto – o recurso para o Reitor configura recurso para órgão da mesma pessoa coletiva que exerça poderes de supervisão (199º, nº 1, alínea a) CPA).
- **Natureza jurídica:** na medida em que o regulamento de atribuição de bolsas de investigação da Universidade prevê que "cabe recurso da lista final de seriação, no prazo de 7 dias úteis, para o Reitor da Universidade", estamos perante um recurso facultativo (185º, nº 2 + artigo 3º do DL 4/2015).
- **Legitimidade e prazo:** B. tem legitimidade para recorrer nos termos do 186º, nº 1, al. a). Quanto ao prazo, sendo certo que, por remissão do artigo 199º, nº 5, é aplicável o regime geral do recurso hierárquico, que prevê um prazo de 3 meses para os recursos facultativo "quando a lei não estabeleça prazo diferente", no caso em concreto o prazo para a interposição é precisamente o previsto no regime especial – 7 dias úteis.
- **Fundamentos para a invalidade do ato.** Trata-se de aferir que fundamentos suportam a invalidade do ato principal, isto é, do ato que decide o procedimento. A validade do ato administrativo traduz-se na qualidade de este se constituir em conformidade com a ordem jurídica. Se o ato administrativo estiver em

desconformidade com os requisitos que lhe são impostos pela juridicidade, o ato padece de um vício, tendo por consequência um desvalor jurídico (irregularidade, invalidade ou inexistência). Para aferir se há suporte para que B. possa reagir, invocando precisamente a invalidade do ato, é necessário analisar cada uma das situações descritas:

- **Quanto à situação i)**
- A questão suscita o tema da violação do princípio da imparcialidade (9º CPA), designadamente por violação do regime das garantias de imparcialidade. Em particular, a circunstância de um membro do júri ter sido orientador de doutoramento da candidata A., seriada em primeiro lugar, poderá configurar uma situação de impedimento, traduzindo-se este num conflito de interesses de menor grau de densidade, pressupondo a não intervenção numa determinada situação concreta.
- A acontecer o impedimento, tal tem como desvalor jurídico a anulabilidade (76º, nº 4 + 163º CPA).
- É forçoso concluir que o concreto não se enquadra no elenco taxativo dos casos de impedimento do artigo 69º do CPA.
- Não obstante, importa questionar se constituirá fundamento para um pedido de escusa ou para a dedução de suspeição, na medida em que pode consubstanciar uma "circunstância pela qual se possa com razoabilidade duvidar seriamente da imparcialidade da sua conduta ou decisão", nos termos do artigo 73º CPA. O membro do júri em questão deveria, portanto, ter pedido dispensa de intervir no procedimento, indicando com precisão os factos que justificam tal pedido (74º, nº 1 CPA).

- **Quanto à situação ii)**
  - Sendo certo que não está em causa a fundamentação do ato de homologação das deliberações tomadas por júris (152º, nº 2), mas justamente a fundamentação das próprias deliberações do júri do procedimento concursal, há um dever de fundamentação (268º, nº 3 CRP + 152º CPA), devendo esta ser expressa, indicando os fundamentos de facto e de direito que suportam a decisão – motivação + justificação (153º, nº 1 CPA).

- A fundamentação contida na ata ("revela muita aptidão e motivação para a atividade de investigação a desenvolver no projeto") não esclarece concretamente a motivação do ato, assumindo-se insuficiente em relação à avaliação curricular da candidata, que deve ser específica e detalhada, pelo que tal equivale à falta de fundamentação (153º, nº 2 CPA), produzindo um vício formal no ato administrativo, por preterição de formalidade, tendo como desvalor jurídico a invalidade, em concreto, a anulabilidade (163º CPA).

CONCLUSÃO: Do exposto, que o ato é administrativo é anulável (163º CPA), do regime de anulabilidade resulta as seguintes 8 consequências: (i) produção de efeitos jurídicos; (ii) vinculatividade e executoriedade; (iii) consolidação na ordem jurídica por decurso do tempo; (iv) possibilidade de sanação; (v) carência de anulação jurisdicional ou anulação administrativa; (vi) a anulação tem, em regra, caráter retroativo, sendo (vii) a competência para o seu conhecimento de carácter restrito e (viii) carece de alegação perante os tribunais. Sendo ainda certo que pode discutir-se a possibilidade da não produção do efeito anulatório, nos termos do artigo 163º, nº 5, designadamente a alínea b) – princípio do aproveitamento do ato administrativo.

DIREITO ADMINISTRATIVO I e II
Prova Modelo
(Prova Global de 14.05.2022)

Enunciado

PARTE I

Distinga sucintamente apenas 4 grupos de conceitos:

1. Revogação/anulação;
2. Poder de direção/Poder de tutela;

3. Câmara Municipal/Presidente da Câmara Municipal;
4. Estado-Administração/Governo;
5. Empresa Local/Serviço Municipalizado;
6. Portaria/postura;
7. Parecer vinculante/parecer conforme;

PARTE II

Comente apenas 2 textos de 3 apresentados:

1. «A separação de poderes implica a ausência de controlo jurisdicional da margem de livre decisão administrativa na medida em que, subjacente à sua atribuição à Administração, está um juízo do legislador, segundo o qual o interesse público será melhor prosseguido se a última palavra decisória no caso concreto couber à Administração (e não aos tribunais)».
2. «O acesso à informação é simultaneamente um instrumento de poder para os particulares, uma forma de racionalização da actividade da Administração Pública e uma garantia do Estado de Direito Democrático».
3. «Assumindo-se como um instrumento normativo de disciplina das relações jurídicas (e, por conseguinte, consistindo numa fonte de direito), o regulamento possui sempre um grau de inovação, o qual pode, contudo, variar consoante a relação (de maior ou menor proximidade) com a lei. Quer deste ponto de vista, quer como forma de atuação jurídica, hoje, o regulamento ocupa um lugar central, destacando-se na sua importância e complexidade».

PARTE III

Manuel, titular do alvará de licença de obras de construção nº 830/21, foi notificado do despacho do **Vereador Y**, que lhe "ordena para proceder à demolição de todas as obras executadas sem licenciamento municipal e em desconformidade com o projeto aprovado (incluindo todos os muros e anexos ao edificado)". Do mesmo despacho consta ainda a informação de que "a demolição deve ser realizada no prazo de 10 dias úteis, sob pena de a Câmara Municipal o fazer a expensas do infrator, nos termos do RJUE (Decreto-Lei nº 555/99, de 16 de dezembro, com alterações posteriores)".

Na mesma altura, **Manuel** foi notificado do despacho emitido uma semana depois pelo Diretor do Departamento de Fiscalização de obras, em que se "determina o montante de 15.000 euros como valor fixado para os custos da demolição coerciva da obra ilegal a realizar por terceiro", tendo os serviços municipais iniciado as obras de demolição dos muros e anexos aos edificado.

Manuel, inconformado com a atuação da Autarquia, pretende recorrer de todas as decisões que lesam os seus direitos e o seu património. **Neste sentido, pronuncie-se sobre as possibilidades de sucesso de Manuel.**

Resolução

Grupo I

1. Revogação/Anulação – Tanto a anulação como a revogação administrativa configuram atos administrativos de segundo grau, isto é, atos que incidem sobre os atos anteriores, tendo em vista a destruição dos seus efeitos jurídicos.

Distinguem-se primeiramente pelo facto de a revogação pressupor a conveniência, oportunidade ou mérito do ato administrativo cujos efeitos se pretendem fazer cessar (165º, nº 1 CPA), enquanto a anulação pressupõe a invalidade da atuação administrativa (165º, nº 2 CPA).

Quanto aos efeitos, também se distinguem sobretudo pelo facto de a revogação produzir, em regra, efeitos para o futuro (*ex nunc*), nos termos do artigo 171º, nº 1 CPA, enquanto a anulação produz, em regra, efeitos retroativos (*ex tunc*), nos termos do 171º, nº 3 CPA.

No que respeita à iniciativa e competência, a revogação implica essencialmente uma função administrativa dispositiva (169º, nº 2), enquanto a anulação implica essencialmente uma função administrativa de fiscalização (169º, nº 3).

Quanto à tempestividade, a regra é a de que a revogação possa ser exercida a todo o tempo, exceto nos casos de atos constitutivos de direito (167º, nº 4), enquanto a anulação tem um prazo regra de 6 meses (168º, nº 1), com as exceções previstas nos nºs 2, 3 e 4 do artigo 168º.

2. Poder de Direção/Poder de Tutela – O Poder de direção pressupõe a existência da hierarquia administrativa, descortinando-se, assim, no âmbito de uma relação inteorgânica, isto é, entre órgãos da mesma pessoa coletiva pública. Ao invés, o poder de tutela pressupõe a existência de uma relação intersubjetiva, isto é, uma relação entre órgãos de diferentes pessoas coletivas públicas.

Quanto ao poder de direção, este é conferido ao superior hierárquico e traduz-se na faculdade deste dar ordens (comandos individuais e concretos que impõem uma conduta específica) e instruções (comandos gerais e abstratos, definindo parâmetros a seguir), em matéria de serviço, ao subalterno. No polo oposto, encontra-se o dever de obediência, enquanto principal dever do subalterno, consistindo na obrigação de cumprir as ordens e instruções do seu legítimo superior hierárquico, dadas em objeto de serviço e sob a forma legal.

Referência às situações de cessação do dever de obediência e ao exercício do direito de recusa no cumprimento de uma ordem.

Quanto ao poder tutela, este tem como finalidades principais controlar e fiscalizar a atividade do ente tutelado, não possuindo, portanto, natureza dirigista nem orientadora, e concretiza-se designadamente em inspeções, sindicâncias ou autorizações. Atendendo ao critério do fim, a tutela pode ser de legalidade (que não pode ir além do plano da conformidade legal) ou de mérito (pode incidir sobre a oportunidade e a conveniência da atuação administrativo). Atendendo ao conteúdo, a tutela pode implicar poder integrativo, poder de revisão, poder de modificação, poder de substituição ou poder sancionatório.

3. Câmara Municipal/Presidente da Câmara Municipal – Tanto a Câmara Municipal como o Presidente da Câmara Municipal dizem respeito às Autarquias Locais, em particular, aos Municípios, inserindo-se, portanto, na Administração Autónoma de base territorial.

Sendo certo que tanto a Câmara Municipal como o Presidente da Câmara Municipal são órgãos do município, aquela constitui o órgão colegial executivo do Município, eleita por sufrágio direito e universal e constituída pelo Presidente da Câmara e pelos Vereadores (cfr. 56º e 57º da Lei nº 169/99), possuindo competências materiais e de funcionamento, nos termos dos artigos 33º e 39º da Lei nº 75/2013, enquanto o Presidente da Câmara, que é o primeiro candidato da lista mais votada para a Câmara Municipal, é o órgão singular com funções executivas do Município, possuindo, para além das competências que lhe forem delegadas pela Câmara Municipal (artigo 34º de Lei nº 75/2013), competência próprias (artigo 35º da Lei nº 75/2013).

4. Estado-Administração/Governo – Tanto o Estado-Administração como o Governo enquadram-se na Administração Estadual

No entanto, distinguem-se pelo facto de Estado-Administração ser a pessoa coletiva pública de fins gerais, dotada de personalidade jurídica autónoma, cuja sua atividade administrativa é desempenhada pelos seus órgãos, entre os quais se destaca o Governo, enquanto seu principal órgão permanente e direto, cujas principais funções administrativas são garantir a execução das leis, assegurar o funcionamento da AP e promover a satisfação das necessidades coletivas (199º CRP) e sendo constituído pelo Primeiro-Ministro, pelos Ministros e pelos Secretários, podendo incluir Vice Primeiros Ministros e Subsecretários de Estado.

O Governo dirige a Administração Direta, superintende a Administração indireta e tutela a administração indireta e autónoma.

5. Empresa Local/Serviço Municipalizado – Enquanto a empresa local, que se configura como pessoa coletiva de direito privado, de responsabilidade limitada, integrando o setor empresarial local, corresponde às entidades sobre as quais entidades públicas participantes, designadamente o município, exercem direta ou indiretamente uma influência dominante (19º, nº 1, al. a) LAEL), traduzindo-se esta na detenção da maioria do capital ou dos direitos de voto; no direito de designar ou destituir a maioria dos membros do órgão de administração ou de fiscalização; ou qualquer outra forma de controlo ou gestão, o serviço municipalizado, que também se rege pelo regime jurídico da atividade empresarial local, afigura-se como o serviço que, no quadro da administração municipal, não tendo personalidade jurídica, tem uma organização autónoma e órgãos próprios, tomando a forma empresarial e cujos trabalhadores se encontram sujeitos à hierarquia não do presidente da câmara, mas do respetivo conselho de administração.

6. Portaria/Postura – Tanto a Portaria como a Postura correspondem a regulamentos administrativos, isto é, a normas jurídicas gerais e abstratas que, no exercício de poderes jurídico-administrativos, visem produzir efeitos jurídicos externos (135º CPA).

Distinguem-se essencialmente pelo facto de a Portaria consistir num regulamento governamental (138º, nº 3 CPA), da autoria de um ou mais ministros, em nome do Governo, enquanto a Postura corresponde aos regulamentos das autarquias locais em matéria de polícia.

7. Parecer Vinculante/Parecer Conforme – Os pareceres correspondem, no essencial, à categoria dos atos instrumentais, uma vez que possuem uma função instrumental em relação ao ato decisório, consistindo fundamentalmente em apreciações de carácter jurídico ou relativas à conveniência administrativa ou técnica, emitidas por órgão consultivo, a propósito de um ato em preparação ou de realização eventual.

O Parecer vinculante (ou vinculativo) significa que as suas conclusões têm de ser seguidas pelo órgão competente para a decisão, sendo que, em regra, os pareceres são obrigatórios, mas não vinculativos (91º CPA). Ao invés, o parecer conforme significa que os parecer apenas são obrigatórios e vinculados num sentido, isto é, quanto a lei exige que, para se tomar uma decisão favorável é necessário um parecer favorável, tal significa que se o parecer for desfavorável, a decisão terá de ser desfavorável (parecer desfavorável implica uma decisão desfavorável). Por outro lado, quando se exige um parecer desfavorável para se tomar uma decisão desfavorável, tal significa que se o parecer for favorável é vinculante para a decisão, que tem de ser também favorável.

Grupo II

TEXTO 1.

- Caracterização do Poder Discricionário O texto incide sobre a discricionariedade administrativa, o que implica, no imediato, que se contraponha os atos vinculados aos atos discricionários. Assim, enquanto o ato vinculado é aquele cujo conteúdo é fixado pela lei, não cabendo à Administração qualquer margem conformadora, o ato discricionário é aquele em que a Administração, ao abrigo de uma concessão pelo legislador, fixa o grau das modificações pretendidas.
- Isso não significa, no entanto, que a discricionariedade seja um poder à margem da lei. Pelo contrário, o poder discricionário é um poder jurídico conferido por lei, em que se exige à AP uma tensão criadora do direito no caso concreto. Assim, a escolha discricionária é uma decisão jurídica, intrínseca ao dever de boa administração, impondo-se que seja uma escolha certa, correta e justa. A discricionariedade não pode, por isso, significar uma escolha total do conteúdo, mas aquela que seja consentida pela lei, respeitando os limites jurídicos e seguir critérios jurídicos.

A discricionariedade é, ainda, uma concretização do princípio da legalidade, estando a AP sempre vinculada aos fins e à competência.

A discricionariedade envolve uma tensão entre os princípios do Estado de Direito e da separação de poderes. Desse modo, se o princípio do Estado de Direito tende a controlar o mais possível a ação da Administração, com vista à proteção dos direitos dos cidadãos, daqui decorrendo uma visão da discricionariedade enquanto "perigo nas mãos da Administração" que exige tanto uma maior determinação legislativa do conteúdo dos atos quanto uma mais intensa fiscalização judicial da AP, o princípio da separação de poderes contrapõe tal visão: a partir deste, é possível descortinar que a AP tem igual dignidade à do poder legislativo e à do poder judicial, para além da legitimidade democrática (direta ou indireta) dos seus órgãos e da sua capacidade técnica, não devendo exercer, por isso, uma mera atividade executiva da lei, devendo a lei conceder-lhe espaço de conformação. Compreende-se, pois, que haja uma interdependência entre os poderes e, em particular, uma distribuição de tarefas entre a Administração e o Juiz: a autoria dos atos e inerente responsabilidade pela prossecução do interesse público cabem à Administração; e a fiscalização da conformidade ou compatibilidade dessa atuação administrativa com as normas legais e os princípios jurídicos compete aos tribunais.

Ponderação das vantagens/desvantagens do poder discricionário.

Referência às formas de atribuição da Discricionariedade.

– O Controlo Jurisdicional da Discricionariedade

A existência de poder discricionário implica que a AP tenha a última palavra, isto é, que tanto o legislador como os tribunais respeitem a decisão daquela. Isto não significa, porém, que as decisões administrativas emanadas ao abrigo de poder discricionário estejam isentas de controlo jurisdicional.

- As decisões discricionárias são, na verdade, decisões com momentos discricionários, incidindo o controlo jurisdicional quer sobre momentos exteriores à discricionariedade – momentos vinculados (fim, competência, cumprimento das proibições legais e da tramitação procedimental obrigatória) quer sobre os momentos discricionários mas desde que não contendam com o espaço de valoração próprio da AP (cfr. artigo 3º, nº 1 CPTA). O Tribunal não pode, assim, reapreciar o ato da Administração para o substituir por outro (controlo atenuado).
- Mas o juiz deve agir e anular os atos praticados ao abrigo de poder discricionário quando detete: Desvio de poder; violação Ostensiva dos princípios jurídicos norteadores da atividade administrativa; erro de facto; erro manifesto de apreciação; falta de fundamentação (justificação, isto é, a decisão deve compreender a enunciação dos pressupostos de facto da ação que a norma legal enuncia em abstrato na hipótese + motivação, isto é, os interesses que no juízo da administração foram determinantes para a definição de um especial conteúdo do ato.

Texto 2

– Caracterização do direito à informação:

O direito de acesso à informação administrativa, assegurado pela CRP no artigo 268º, pode dizer respeito à informação procedimental ou à informação extraprocedimental.

- Assim, por um lado, o direito à informação procedimental (268º, nº 1 CRP) tem por objeto o estado ou as decisões tomadas no decurso de certo procedimento administrativo e tem por destinatários os sujeitos interessados no seu decurso, seguindo o disposto nos artigos 82º a 85º do CPA, desdobrando-se em três componentes essenciais: i) direito "geral" de informação sobre o andamento e decisões tomadas em certo procedimento (cf. 82º CPA); ii) direito de consulta de processo relativo ao procedimento (83º CPA); e iii) direito de obter certidões que atestem certos factos ou decisões a ele relativas (84º CPA). Referência à possibilidade de extensão do direito em causa (85º CPA).
- Por outro, o direito à informação extraprocedimental (268º, nº 2 CRP) tem por objeto o acesso aos "arquivos e registos administrativos", independentemente da pendência de qualquer procedimento em concreto, seguindo o disposto na Lei de Acesso à Informação Administrativa e Ambiental (Lei nº 26/2016).
- Sua relevância:

O direito à informação não se assume apenas como requisito para a possibilidade de participação do interessado no procedimento administrativo, mas representa também um direito de defesa do cidadão perante a opacidade e o secretismo da administração e, nessa medida, uma garantia e concretização do Estado de Direito Democrático.

Para além disso, do ponto de vista da Administração, assume-se como critério objetivo de legitimação das decisões administrativas.

Tudo isto vem a confirmar-se ao nível das consequências que a violação do direito/dever de informação acarreta, seja do ponto de vista da legalidade do ato final (inquinado por vício de preterição de formalidade procedimental), seja ao nível da responsabilidade em que a Administração possa ficar constituída (civil e disciplinar).

Aliás, do ponto de vista das garantias, não só se permite que, para salvaguardar este direito, os cidadãos possam apresentar uma queixa junto de entidades administrativas independentes (como a CADA e a CNPD), como o legislador consagrou, do ponto de vista jurisdicional, a Intimação para a prestação de informação, consulta de processos ou passagem de certidões, constituindo esta um processo urgente (104º e ss' CPTA).

Problematização da importância do direito à informação administrativa na era da digitalização e em face de movimentos crescentes de desinformação.

Texto 3

– Caracterização do poder regulamentar:

Os regulamentos consubstanciam, simultaneamente, fonte de Direito, o que significa, no essencial, reconhecer-se que, uma vez publicados, as suas disposições vinculam quer os particulares quer a própria Administração, e manifestação ou forma de atividade da Administração, operando a mediação entre a determinação legal e a aplicação legal, sendo, portanto, um poder derivado.

- Sendo certo que o poder regulamentar interno funda-se essencialmente no poder de autorregulamentação e auto-organização da Administração, o poder regulamentar externo encontra o seu fundamento na lei, seja constitucional, seja ordinária, o que significa que, na ausência de uma referência expressa sua, considera-se que a Administração não goza de competência regulamentar externa. Daqui resulta o reconhecimento de uma prevalência da lei face ao regulamento, possuindo este um valor infralegal.
- Essa distinção revela-se igualmente ao nível da valorização gizada pelo legislador do procedimento administrativo. Tal significa que, não obstante não desconsiderar os regulamentos internos como regulamentos jurídicos, o legislador valorizou, para efeitos da disciplina procedimental geral, os regulamentos externos. Assim é nos termos do artigo 135º do CPA: para efeitos do código, consideram-se regulamentos administrativos as normas jurídicas gerais e abstratas que, no exercício de poderes jurídico-administrativos, visem produzir efeitos jurídicos externos.

– Grau de inovação e sua variação:

No que respeita ao grau de inovação do poder regulamentar, importa sobretudo considerar os regulamentos externos, isto é, aqueles que se aplicam a qualquer relação intersubjetiva, podendo classificar-se, atendendo ao grau de dependência em relação à lei, como regulamentos de execução ou como regulamentos independentes. Dizem-se de execução os regulamentos que têm por função colmatar as deficiências e imprecisões involuntárias do legislador: não têm, portanto, carácter inovador, visando apenas pormenorizar, organizar procedimentos, interpretar ou integrar lacunas de leis específicas. Por sua vez, os regulamentos independentes são aqueles que têm por objetivo dinamizar a ordem jurídica em geral. Não abdicando de uma norma habilitante, não visam executar ou complementar uma lei específica, mas regular de forma primária certas situações da vida social (136º, nº 3 CRP).

– Importância e complexidade dos regulamentos:

Quanto à importância que assumem na atualidade, importa considerar, desde logo, a elevada relevância que estes assumem no âmbito do direito da União Europeia (derivado), sendo de aplicação direta em cada Estado-Membro. Para além disso, se se considerar, por exemplo, o poder regulamentar das entidades reguladoras, não resultam dúvidas da importância que assumem para a eficiência e dinamização da ordem jurídica, sobretudo em setores cada vez mais especializados e específicos. Mesmo considerando domínios tradicionais, como o poder regulamentar autónomo das autarquias locais (241º CRP), facilmente se descortina a sua importância enquanto corolário da autoadministração e autorresponsabilização desses entes administrativos, regulando os seus interesses próprios.

Quanto à sua complexidade, basta, por exemplo, convocar os problemas em torno da zona de fronteira do poder regulamentar das autarquias locais com a reserva de competência legislativa, sobretudo quando em causa estejam direitos, liberdades e garantias, ou, ainda, as situações em que ocorra contradição entre regulamento governamental e regulamento de uma entidade reguladora, colocando-se sérias dificuldades quanto aos critérios de prevalência.

GRUPO III

Enquadramento:

O caso em apreço debruça-se sobre o procedimento administrativo de execução coerciva de atos administrativos.

- Desde logo, importa que se dê conta das principais prerrogativas decorrentes da decisão executória: (i) não há decisão executória quando o ato da Administração ainda que unilateral não modifica a ordem jurídica, pelo que o princípio da execução prévia significa que a decisão modifica imediatamente a ordem jurídica; (ii) o princípio da execução prévia permite à Administração utilizar a força se o particular não executa de bom grado, sendo certo que se associa este uso de força com a urgência.
- E importa também dar contar da (aparente) mudança de paradigma, introduzida pelo CPA em 2015: a execução obedece ao princípio da legalidade, significando que, para que haja lugar a execução de atos administrativos, a Administração carece de uma habilitação específica (assim determina o artigo 176º CPA). Existirá, portanto, habilitação específica nas seguintes situações: quando em lei especial assim se determinar; quando, nos termos do CPA, o ato tiver por finalidade a execução coerciva de obrigações pecuniárias, nos termos do art. 176º, nº 2 e artigo 179º, ou a execução tiver subjacente uma situação de urgente necessidade pública, devidamente fundamentada (nos termos do artigo 176º, nº 1, parte final); decorrente de decisão jurisdicional, quando o titular do órgão a adquire (nos termos do artigo 183º).
- Sem prejuízo, por força do artigo 8º, nº 2 do diploma preambular, ainda se continua a aplicar-se, até hoje, o artigo 149º, nº 2 do anterior CPA. Assim: a execução coerciva por via administrativa é legítima em todos os casos em que exista ato administrativo, desde que eficaz e desde que executório, mesmo que não esteja prevista em qualquer texto legal, mas as formas de execução e os termos em que é feita terão de estar previstos no CPA e/ou na lei.

- **Qualificação jurídica dos atos em causa e verificação da sua validade:**
  - ***Quanto à Primeira Atuação – Despacho do Vereador Y***
  - NO QUE RESPEITA À SUA QUALIFICAÇÃO:
  - É necessário partir do conceito de ato administrativo, preceituado no 148º do CPA: consideram-se atos administrativos "as decisões, emanadas ao abrigo de poderes jurídicoadministrativos, que visem produzir efeitos jurídicos externos numa situação individual e concreta".
  - É possível identificar no despacho os elementos do conceito: (i) trata-se de uma decisão, na medida em que a ordem para proceder a demolição de obras possui conteúdo constitutivo, isto é, provoca uma alteração disciplinadora numa situação da vida social; (ii) foi emanada ao abrigo de poderes jurídico-administrativos, uma vez que o Vereador é um membro do órgão executivo Câmara Municipal, exercendo a função administrativa ao abrigo de normas de direito administrativo (no caso concreto, o Regime Jurídico da Urbanização e da Edificação – RJUE); e (iii) produz efeitos jurídicos externos numa situação individual e concreta, visto que os seus efeitos projetam-se para além da esfera da entidade administrativa que emana o ato, definindo precisamente a situação jurídica de Manuel quanto às obras que executou.
  - Sucede que esse primeiro despacho contém, ainda, para além da decisão referida, a execução dessa mesma decisão ("a demolição deve ser realizada no prazo de 10 dias, sob pena da CM o fazer a expensas do infrator").
  - Significa, portanto, que o ato em causa configura um ato exequendo híbrido, na medida em que também inclui a decisão de proceder à decisão.

- NO QUE RESPEITA À SUA VALIDADE:

1ª PARTE

  - Importa, desde logo, aferir se o Vereador tem competência para praticar tal ato. Ora, nos termos do artigo 35º, nº 2, al.

k) do RJAL, a competência originária para ordenar a demolição pertence ao Presidente da Câmara Municipal. Obedecendo a competência aos princípios da funcionalidade, legalidade, imodificabilidade, irrenunciabilidade e inalienabilidade, tal significa que a transmissão para um outro órgão (ou agente) só poderia operar-se por via da figura da delegação de competências, como parece suceder no caso concreto ("ao abrigo de uma competência delegada"). Caso contrário, equivaleria a renúncia da titularidade ou do exercício da competência, cominada com nulidade (36º, nº 2 CPA).

- A delegação de competências corresponde a uma desconcentração derivada e traduz uma auto-repartição da capacidade de decisão. Nos termos do artigo 44º, nº 1 CPA, os órgãos administrativos normalmente competentes para decidir em determinada matéria podem, sempre que para tal estejam habilitados por lei, permitir, através de um ato de delegação de poderes, que outro órgão ou agente pratique atos administrativos sobre a matéria. No caso concreto, delegação entre órgãos/agentes da mesma pessoa coletiva pública (Município).
- A delegação de competência obedece a requisitos (de validade e de eficácia). Verificação dos requisitos no caso concreto: – 1º LEI DE HABILITAÇÃO – exclusão da norma de habilitação geral do artigo 44º, nº 3 CPA, uma vez que (1) a ordem de demolição não configura um ato de administração ordinária, (2) nem sequer estamos perante uma relação hierárquica (referência à inexistência de hierarquia entre o Presidente da Câmara e os Vereadores); – Identificação da norma de habilitação: artigo 36º, nº 2 do RJAL (permite a delegação de competências do Presidente da Câmara nos Vereadores), assim como também o permite o artigo 38º, nº 1 (com possibilidade subdelegação); – 2º EXISTÊNCIA DE DOIS ÓRGÃOS – Quanto à delegação: DELEGANTE (Presidente da Câmara Municipal); DELEGADO (Vereador Y); 3º ATO DE DELEGAÇÃO PROPRIAMENTE DITO – Ato

pelo qual o delegante concretiza a delegação dos seus poderes no delegado, permitindo ainda, no caso, a subdelegação dos poderes [N.B. não confundível com o ato praticado ao abrigo da (sub)delegação, que no caso concreto é a ordem de demolição. Nos termos do artigo 47º, nº 2 do CPA, em articulação com os artigos 158º e 159º CPA, os atos de delegação ou subdelegação estão sujeitos a publicação, sob pena de ineficácia. No caso concreto, o ato de delegação teria de ser publicado no Boletim da Autarquia e no seu sítio institucional (cfr. art. 56º RJAL).

2ª PARTE

- Verificação dos requisitos para se proceder à execução: da aplicação do art. 177º. Para a execução coativa de um ato administrativo são de verificação necessária duas condições: 1) A ordem de se proceder à execução; 2) A verificação do incumprimento da obrigação exequenda e a aplicação dos meios coercivos;
  - A existência do ato exequendo é, salvo em estado necessidade, *conditio sine qua non* de legalidade do ato de execução de que resulte limitação de quaisquer posições jurídicas subjetivas dos particulares (art. 177º, nº 1 do CPA). O ato administrativo representa o título executivo que habilita a Administração a agir. Tal requisito encontra-se preenchido.
  - Para que se verifique a execução coerciva, é ainda necessária uma decisão de a ela proceder (art. 177º nº 2 do CPA). Da decisão deverá constar a fundamentação da mesma, a indicação do conteúdo e os termos da execução e a cominação de um prazo razoável para o cumprimento da obrigação exequenda (art. 177º, nºs 2 e 3). Estes requisitos não se encontram preenchidos, na medida em que a decisão de início da execução não contém fundamentação e o prazo cominado (10 dias) não se assume "prazo razoável".

- Necessidade de respeito pelos princípios previstos no art. 178º do CPA: Princípio da Proporcionalidade da execução – na execução coativa dos atos administrativos devem, na medida do possível, ser utilizados os meios coativos que, garantindo a realização integral dos seus objetivos, envolvam um prejuízo menor para os direitos e interesses dos particulares, art. 178º nº 1 do CPA. Princípio da humanidade da decisão: de acordo com este princípio, mesmo que a Administração tenha a possibilidade de utilizar da força contra os indivíduos, não pode utilizar meios coativos que violem direitos fundamentais (art. 178º nº 2 do CPA).

Segunda Atuação – Despacho do Diretor do Dep. de Fiscalização

- O Diretor teria competência para proferir tal despacho se tal lhe tivesse sido subdelegada pelo Vereador, o que se afigura possível, nos termos do artigo 38º, nº 1 do RJAL, e desde que cumpridos os requisitos para a (sub)delegação de poderes, nos termos anteriormente expostos.
- Estamos perante um ato que, proferido por um outro órgão, não se limita a repetir a decisão de proceder à execução, sendo em relação a esse inovador, na medida em que fixa o montante para os custos da demolição. De facto, consubstancia uma "decisão autónoma", mas que se assume desconforme com o princípio da proporcionalidade da execução, na medida em que fixa um valor elevado para os custos da demolição a efetuar por terceiros (178º, nº 1 CPA).

Terceira Atuação – Demolição iniciada pelos serviços municipais

– Estamos no domínio dos atos ou operações materiais, sendo que a demolição iniciada pelos serviços se encontra em desconformidade com os termos determinados na decisão de proceder à execução, pois ainda não tinha decorrido o prazo conferido para o cumprimento da obrigação exequenda.

Garantias dos executados: Tais circunstâncias expostas podem dar lugar à utilização dos meios de garantia pelo executado, permitindo-se a impugnação do ato exequendo e, por vícios próprios, a decisão de proceder à execução administrativa, bem como outros atos administrativos praticados no âmbito do procedimento de execução e, ainda, requerer a suspensão dos respetivos efeitos (art. 182º CPA).

- Assim, Manuel poderia impugnar administrativamente o primeiro e o segundo ato, bem como impugná-los contenciosamente, pedindo igualmente a suspensão da sua eficácia.
- De igual forma, deveria lançar mão de providências cautelares adequadas para a execução coerciva através da atos materiais e operações ilegais

DIREITO PROCESSUAL ADMINISTRATIVO

Prova Modelo

(Prova Parcelar de 09-12-2022)

ENUNCIADO

PARTE I

Comente: *"O atual art. 55º é um dos artigos do Código de Processo nos Tribunais Administrativos que mais espelha o quanto o legislador vem, ao longo do tempo, procurando combinar, na lei processual administrativa, o melhor dos sistemas subjetivista e objetivista".*

PARTE II

Manuel, titular do alvará de licença de obras de construção nº 830/21, foi notificado do despacho do Vereador Y, que lhe ordena para proceder à demolição de todas as obras executadas sem licenciamento municipal e em desconformidade com o projeto aprovado (incluindo todos os muros e anexos ao edificado). Do mesmo despacho consta ainda a informação de que "a demolição deve ser realizada no prazo de 20 dias, sob pena de a Câmara Municipal o fazer a expensas do infrator, nos termos do RJUE (Decreto-Lei nº 555/99, de 16 de dezembro (com alt. post.).

Na mesma altura, foi notificado do despacho emitido uma semana depois, em que se "determina a aplicação de coima, prevista e punida no RJUE, por execução de obras sem licenciamento municipal e em desconformidade com o projeto aprovado".

Neste sentido, pronuncie-se sobre as possibilidades de sucesso de **Manuel**, residente em Amares, que apresentou no TAF de Braga uma ação administrativa contra a Câmara Municipal Y, tendo em vista alcançar a anulação dos mencionados despachos.

RESOLUÇÃO

PARTE I

1. Enquadramento do assunto em discussão:

O texto carateriza o atual modelo de justiça administrativa, centrando a discussão em torno da amplitude dos titulares da ação para a impugnação de atos administrativos. Relacionando aspetos das reformas da justiça administrativa, desde 1984/1985, de 2002/2004, de 2015 e 2019, o autor do texto pronuncia-se sobre a sua compreensão do atual modelo de justiça administrativa. E parece concluir que o sistema português passou de um modelo objetivista de raiz para um modelo subjetivista, espelhando hoje um esforço de combinação de ambos, sendo certo que atualmente combina sobretudo as vantagens de um modelo subjetivista com as vantagens de um modelo objetivista que alarga o âmbito da titularidade de ação muito para além dos titulares de ação particular.

A reforma do direito posto foi sendo promovida pelas alterações constitucionais. Concordamos com esta ideia: não obstante a aproximação ao modelo alemão, as mais recentes reformas procuram resgatar alguns dos elementos objetivistas marcantes do ponto de vista da legitimidade ativa. As várias alíneas do art. 55º do CPTA espelham exatamente isso.

2. Caraterização dos modelos objetivista e subjetivista de justiça administrativa.

Objetivos centrais do modelo objetivista relacionados com a garantia da legalidade e prossecução do interesse público. Este modelo surgiu após as Revoluções Liberais, pelo que, em homenagem ao princípio da separação de poderes, se compreende a clara desconfiança em atribuir aos Tribunais o controlo da Administração, concebendo-se um auto controlo por parte da Administração Pública.

Objetivos centrais do modelo subjetivista relacionados com a defesa de direitos e interesses legalmente protegidos dos particulares. No modelo subjetivista também subsistem preocupações de defesa da legalidade mas enquanto objetivo acessório ou complementar deste modelo de justiça processual;

3. Demonstração da evolução de ambos os modelos de justiça na lei portuguesa.

A constituição de 1976 consagrava um modelo tendencialmente objetivista.

O modelo subjetivista começou por apresentar vestígios na Constituição de 1976, mas só a partir das revisão de 1989 se consagrou a existência obrigatória dos Tribunais Administrativos e um alargamento do âmbito da justiça administrativa e a intensificação da proteção das posições subjetivas dos particulares;

Após a alteração da CRP de 1997, o subjetivismo sai intensificado com a consagração da ação de condenação à prática de ato devido, bem como com a possibilidade de requerer providências cautelares adequadas;

Na sequência, o legislador ordinário intervém, sendo publicado a legislação de 1984/1985, o ETAF e o CPTA em 2002/2003, procurando concretizar-se o princípio constitucional da tutela jurisdicional efetiva, consagrando-se o reconhecimento de direitos, a impugnação de qualquer ato lesivo, a condenação à prática de ato devido, a adoção de providências cautelares e a impugnação de normas.

4. Justificação e explicação: análise das alíneas do art. 55º do CPTA.

Seria necessário explicar a conjugação dos dois modelos de justiça administrativa que subsistem no art. 55º do CPTA, designadamente:

- A SUBJETIVIDADE presente na alínea a) da disposição, a qual confere legitimidade ativa para a ação impugnatória de ato não só ao titular de um direito subjetivo, mas também ao titular de um interesse legalmente protegido, isto é, a quem retire de forma imediata um benefício específico para a sua esfera jurídica (interesse pessoal, direto e legítimo)
- Os momentos de OBJETIVIDADE do regime da legitimidade:

Começam por se centrar no regime da titularidade da ação pública, marcando os termos da legitimidade do MP, para defesa da legalidade democrática: alínea b), estando em conformidade com o respetivo Estatuto do MP. Pese embora o enfraquecimento dos poderes do MP no processo, este é ainda o verdadeiro defensor da legalidade administrativa.

A legitimidade dos presidentes dos órgãos colegiais relativamente aos atos praticados pelo próprio órgão traduz mais uma manifestação da objetividade do regime.

Estendendo-se a legitimidade às entidades públicas e privadas para a defesa de interesses próprios do grupo profissional que representam e interesses particulares dos profissionais representados, alínea c) do art. 55º do CPTA, onde se enquadram designadamente as associações sindicais.

Ainda outro momento de objetividade prende-se com a atribuição de legitimidade ativa aos órgãos administrativos, atuando em defesa de interesses próprios (públicos), no contexto de relações interadministrativas (alínea d).

No âmbito da ação popular alargada, atribui-se legitimidade aos cidadãos eleitores das comunidades locais, relativamente a deliberações dos órgãos autárquicos, independente do interesse direto pessoal na invalidade do ato (art. 55º, nº 2 do CPTA).

Confere-se também legitimidade aos titulares da ação popular para a defesa de interesses difusos: as entidades previstas no art.

9º, nº 2 do CPTA, nos termos da CRP e Lei de ação popular. O MP inclui-se também, a par de pessoas singulares e coletivas para defesa de interesses difusos .

Em suma, com exceção da alínea a), a qual revela o regime de legitimidade assente nos interesses diretos e legítimos (considerando-se a lesividade, e por isso a influência do modelo Alemão), reconhece-se nas restantes alíneas legitimidade alargada para a defesa direta e em primeiro lugar da legalidade administrativa (e reflexamente a defesa de direitos e interesses legalmente protegidos). Para compensar o alargamento da objetividade, há a considerar a previsão de outros institutos previstos no CPTA, demonstrando o legislador uma clara intenção compensar a subjetividade perdida naquele artigo. O regime da cumulação de pedidos é um exemplo, admitindo-se com grande amplitude a cumulação de pedidos. A coligação de partes é um outro.

PARTE II

1. Qualificação jurídica dos atos em causa:

i) No que respeita ao primeiro despacho de que Manuel foi notificado, é necessário partir do conceito de ato administrativo, preceituado no 148º do CPA: consideram-se atos administrativos "as decisões, emanadas ao abrigo de poderes jurídico-administrativos, que visem produzir efeitos jurídicos externos numa situação individual e concreta". Nesse sentido, é possível identificar no despacho os elementos do conceito: (i) trata-se de uma decisão, na medida em que a ordem para proceder a demolição de obras possui conteúdo constitutivo, isto é, provoca uma alteração disciplinadora numa situação da vida social; (ii) foi emanada ao abrigo de poderes jurídico-administrativos, uma vez que o Vereador é um membro do órgão executivo Câmara Municipal – atuando, no caso concreto, ao abrigo de uma delegação de poderes do Presidente da Câmara Municipal (cfr. artigos 35º, nº 2, al. k) e 36º, nº 2 do RJAL) –, exercendo a função administrativa ao abrigo de normas de direito administrativo (no caso concreto, o Regime Jurídico da Urbanização e da Edificação-RJUE); e (iii) produz efeitos jurídicos externos numa situação individual e concreta, visto que os seus efeitos projetam-se para além da esfera da entidade administrativa que emana o ato, definindo precisamente a situação jurídica de Manuel quanto às obras que executou.

Em conclusão, estamos perante um verdadeiro ato administrativo, designadamente uma medida de tutela da legalidade urbanística (cfr. 102º RJUE) . Sucede que esse primeiro despacho contém, ainda, para além da decisão referida, a execução dessa mesma decisão ("a demolição deve ser realizada no prazo de 20 dias, sob pena da CM o fazer a expensas do infrator"). Estamos, portanto, no domínio dos atos de execução ou de aplicação de atos administrativos anteriores (cf. artigos 175º e ss' CPA).

ii) No que respeita ao segundo despacho de que Manuel foi notificado, que lhe aplica uma coima, estamos perante um ato administrativo sancionatório, que é proferido no âmbito de um "procedimento administrativo especial", cujo regime jurídico é aquele que se encontra previsto no Regime Geral das Contraordenações (RGCO). Nesse sentido, nos termos do artigo 1º do RGCO, "constitui contraordenação todo o facto ilícito e censurável que preencha um tipo legal no qual se comine uma coima", o que de facto se verifica no caso concreto, uma vez que o RJUE tipifica a realização de quaisquer obras urbanísticas em desconformidade com o respetivo projeto ou com as condições de licenciamento como contraordenação, punível com uma coima (cfr. artigo 98º, nº 1, b) e nº 3 RJUE).

2. *Análise das questões suscitadas pela hipótese:*

Importa, desde logo, considerar o direito fundamental de acesso à justiça administrativa efetiva, vertido nos artigos 20º e 268º, nºs 4 e 5 da CRP e no artigo 2º do CPTA. E, a partir daqui, é necessário aferir a verificação dos respetivos pressupostos processuais.

N.B. Sendo certo que somos confrontados com dois despachos distintos, uma vez que o segundo é proferido no âmbito de um "procedimento administrativo especial", com uma estrutura muito particular, quanto a este importará sobretudo atender se a jurisdição administrativa será ou não competente para dirimir o litígio. Já quanto ao primeiro despacho, a análise dos pressupostos processuais implica um exercício mais amplo/abrangente.

i) Pressupostos processuais relativos ao Tribunal

a) Jurisdição: nos termos do artigo 212º, nº 3 da CRP, compete aos tribunais administrativos dirimir os litígios emergentes das relações jurídico-administrativas. No entanto, trata-se de uma reserva relativa de competência, na medida em que tanto há matérias referentes a esses litígios que não cabem na jurisdição administrativa como existem outras que são entregues à jurisdição administrativa. Este entendimento encontra-se, aliás, bem patente pela residualidade que a alínea o) do nº 1, do artigo 4º do ETAF encerra. Assim, é necessário analisar o conteúdo do artigo 4º, para sabermos se a matéria em causa é passível de ser apreciada pelos tribunais administrativos.

- Quanto ao primeiro despacho, os tribunais da jurisdição administrativa são competentes para apreciar os litígios que tenham por objeto questões relativas à fiscalização da legalidade dos atos jurídicos emanados pelos órgãos da AP, ao abrigo de disposições de direito administrativo (artigo 4º, nº 1, al. b) ETAF).
- Quanto ao segundo despacho, importa considerar que, nos termos do artigo 4º, nº 1, al. l) ETAF, apenas compete à jurisdição administrativa a apreciação de impugnações judiciais de decisões da Administração que apliquem coimas no âmbito do ilícito de mera ordenação social por violação de normas de direito administrativo em matéria de urbanismo. Ora, a contraordenação prevista no artigo 98º, nº 1, b) do RJUE traduz precisamente um ilícito de mera ordenação social por violação de normas de direito administrativo em matéria urbanística, pelo que serão os tribunais da jurisdição administrativa competentes.

(a partir daqui, a análise dos pressupostos referem-se apenas ao primeiro despacho)

b) Competência (aferida em razão da matéria, hierarquia e território) – Tratando-se de matéria administrativa cuja competência para conhecer em primeira instância não é atribuída nem ao STA nem aos

TCA's (*ex vi* artigos 24º, 25º, 27º, 29º e 37º ETAF), serão competentes os tribunais administrativos de círculo (competência residual, nos termos do artigo 44º ETAF). Para se determinar o tribunal administrativo de círculo competente para o caso concreto, é necessário considerar o artigo 20º, nº 1 do ETAF, que se aplica em detrimento da regra do artigo 16º, na medida em que estamos perante ato administrativo praticado por uma Autarquia Local.

Assim, é competente o tribunal da área da sede da entidade demandada (Autarquia Y). Embora tal informação não seja fornecida pelo enunciado, se se partir do pressuposto de que a sede do Município coincide com o local de residência da Manuel (Amares), isto é, se em causa estiver o Município de Amares, será competente o TAF de Braga (cfr. artigo 2º, nº 1 + mapa anexo do DL nº 325/2003, de 29 de dezembro).

ii) Pressupostos processuais relativos ao Processo

a) Meio Processual: – O meio processual adequado é a ação administrativa (não urgente) de impugnação do ato administrativo (artigos 37º, nº 1, al. a) e 50º, nº 1 CPTA).

b) Objeto (Mediato): – O objeto da ação é o ato impugnável, o que obriga a partir do conceito material de ato administrativo a que se aludiu (148º CPA).

De facto, o ato impugnável começa por corresponder a todas as decisões que, no exercício de poderes jurídico-administrativos, visem produzir efeitos jurídicos externos numa situação individual e concreta, mesmo que não ponham termo a um procedimento (51º, nº 1 CPTA) e independentemente da respetiva forma (52º, nº 1 CPTA).

Explicar que a ordem de demolição (ato administrativo de tutela da legalidade urbanística) preenche tais requisitos, sendo, por isso, ato impugnável.

Mas o conteúdo do despacho obriga a ir mais longe, isto porque, tal como se deu conta, ele encerra também um ato de execução. Quanto a este tipo de atos, em princípio, não são impugnáveis (53º, nº 3 CPTA *a contrario*). De facto, uma vez que pressupõe ou realiza a decisão já anteriormente contida no ato exequendo, ele assume-se desprovido de conteúdo constitutivo ou decisório, sendo que, embora possa comungar das eventuais invalidades de que possa padecer o ato exequendo, contra ele também não podem ser invocados vícios que já podiam e deviam ter sido invocados contra o ato exequendo. Sucede, no entanto, que o ato de execução pode possuir conteúdo decisório inovador, na medida em que contribui para completar a definição jurídica que havida sido introduzida no ato exequendo (no caso, na ordem de demolição). É justamente o que se verifica no caso concreto, visto que o ato de execução vem fixar um prazo para o cumprimento de uma obrigação imposta no ato que ordena a demolição, sob ameaça de execução forçada. O ato introduz, portanto, um efeito jurídico inovador em relação ao ato que visa executar, sendo, assim, também impugnável.

Referência ao artigo 56º CPTA relativo à inimpugnabilidade do ato por conta da sua aceitação, expressa ou tácita, depois de praticado – tal parecendo não se aplicar no caso concreto.

*c) **Pedido e Causa de Pedir:***

- O pedido, tal como consta do enunciado, é o da anulação dos despachos, presumindo-se, por isso, que os vícios de que os atos padecem terão como desvalor jurídico a anulabilidade, nos termos do 163º CPA) Referência à possibilidade de cumulação de pedidos, nos termos do artigo 4º CPTA. No caso concreto, configurar-se-ia designadamente a hipótese de cumular o pedido de anulação do ato com o pedido de restabelecimento da situação que existiria se o ato não tivesse sido praticado (al. a) ou com o reconhecimento de uma situação jurídica subjetiva (al. f). Poderia ainda ser equacionado o recurso a providências cautelares, devendo, nesse caso, fundamentar-se.
  Não seria aplicável a cumulação em relação aos dois despachos, uma vez que o recurso de "impugnação" da coima segue uma estrutura processual completamente distinta.
- A causa de pedir está relacionada com a ilegalidade dos atos impugnados, e não necessariamente com a lesão de um direito

ou interesse legalmente protegido, que até pode nem existir no caso concreto. E, sendo certo que, quanto ao ato de execução, este só pode ser impugnado com fundamento em vícios próprios – 53º, nº 3, 1ª parte CPTA (por exemplo, uma desconformidade com o próprio ato exequendo).

Referência aos limites de pronúncia do Tribunal – em especial, 95º, nº 3 CPTA.

d) Tempestividade – No que respeita ao primeiro despacho, o prazo para a impugnação é, em princípio, de 3 meses ou, no caso do MP, de 1 ano (cf. 58º, nº 1, alíneas a) e b) CPTA).

iii) Pressupostos processuais relativos às Partes, importando aferir sobretudo a questão da legitimidade:

a) Legitimidade ativa – Manuel terá legitimidade ativa, na medida em que alegue ser titular de um interesse direto e pessoal na impugnação, isto é, na medida em que retire imediatamente da anulação um benefício específico para a sua esfera jurídica, mesmo que não invoque a titularidade de uma posição jurídica subjetiva lesada (artigos 9º e 55º, nº 1, al. a) do CPTA).

Não obstante, se se presumir a sua qualidade de eleitor recenseado no concelho Y, a sua legitimidade ativa sempre estaria garantida por força do artigo 55º, nº 2 CPTA (ação popular "autárquica"), legitimidade esta, aliás, extensível, a qualquer outro eleitor recenseado no concelho Y.

Terá também legitimidade ativa o MP (55º, nº 1, al. b) CPTA). Seria de valorizar equacionar-se, ainda, a possibilidade de outros órgãos da mesma p.c.p. (do Município Y), nos termos da alínea d) do artigo 55º, nº 1 CPTA).

Seria também possível configurar a hipótese de legitimidade ativa de qualquer pessoa, associação ou fundação defensora para a defesa de interesses difusos, como é o caso do urbanismo, sem necessidade de demonstrar um interesse pessoal na demanda (9º, nº 2, *ex vi* 55º, nº 1, al. f) CPTA).

b) Legitimidade passiva – Deverá ser demandado o Município Y (que é a pessoa coletiva), nos termos do artigo 10º, nº 2 CPTA. No entanto, caso tivesse sido indicada como parte demandada um órgão da p.c.p., a ação considerar-se-ia regularmente proposta contra o Município (10º, nº 4 CPTA).

Deveriam ainda ser demandados os contrainteressados a quem o provimento do processo impugnatório possa diretamente prejudicar ou que tenham legítimo interesse na manutenção do ato impugnado, nos termos do artigo 57º CPTA (situação configurável como litisconsórcio passivo necessário).

DIREITO PROCESSUAL ADMINISTRATIVO

Prova Modelo

(Elementos da Prova Parcelar e da Prova Global de 28-05-2022 e do Exame de Recurso de 22-06-2022)

ENUNCIADO

PARTE I

Comente <u>apenas dois</u> dos seguintes textos apresentados:

1. «Parece indiscutível que a constitucionalização da jurisdição administrativa exprime uma clara opção no sentido da valorização da justiça administrativa, que pela primeira vez é tratada como jurisdição de corpo inteiro, formalmente colocada em posição de paridade com a jurisdição dos tribunais judiciais: confronte-se, nesse sentido, o teor dos artigos 210º e 212º da CRP (...) A opção constitucional em análise aponta claramente no sentido de que o âmbito da jurisdição administrativa não pode continuar a ser definido em termos residuais, como correspondendo à apreciação das questões cuja competência não seja atribuída por lei a outras ordens de tribunais, mas pela positiva».

2. «O tradicional contencioso português dos contratos públicos assentou em muitas antinomias, que se foram perpetuando no tempo. Ironicamente, as atuais são resultado de muitas alterações à lei processual administrativa introduzidas em tão pouco tempo. Vejamos, desde a primeira transposição da Diretiva Recursos nº 89/665/CCE, em 15-05-1998, até hoje, mais de cinco alterações foram acolhidas no contencioso relativo à formação dos contratos públicos, na tentativa de superar o que se vinha diagnosticando como sucessivo incumprimento do Direito da União Europeia. O caminho percorrido tem sido marcado por avanços e recuos».

3. «A negociação, a mediação, a conciliação e arbitragem, comumente designados como mecanismos de resolução alternativa de litígios – na tradução livre da expressão inglesa *alternative dispute resolution* (=ADR) – têm alcançado no domínio dos conflitos jurídico-administrativos um exponencial crescimento. E é disso prova o sucessivo reforço do quadro normativo que os prevê».

PARTE II
Responda a apenas um dos casos práticos apresentados:

A.

António, titular do alvará de licença de obras de construção nº 830/21, foi notificado do despacho do Vereador do Urbanismo de Vila Verde, que lhe "ordena para proceder à demolição de todas as obras executadas sem licenciamento municipal e em desconformidade com o projeto aprovado (incluindo todos os muros e anexos ao edificado)". Do mesmo despacho consta ainda a informação de que a "demolição deve ser realizada no prazo de 10 dias úteis, sob pena de a Câmara Municipal o fazer a expensas do infrator, nos termos do Regime Jurídico da Urbanização e Edificação".

Na mesma altura, António foi notificado do despacho emitido uma semana depois pelo Diretor do Departamento de Fiscalização e Obras, em que se "determina o montante de 15.000 euros como valor fixado para os custos da demolição coerciva da obra ilegal a realizar por terceiro", tendo os serviços municipais iniciado as obras de demolição dos muros e anexos ao edificado.

António, inconformado com a atuação da Autarquia, pretende recorrer de todas as decisões que lesam os seus direitos e o seu património.

1. **Neste sentido, pronuncie-se sobre as possibilidades de sucesso de António de reagir junto dos tribunais administrativos.**
2. **Imagine que, cinco anos depois da propositura da ação, o tribunal veio dar razão à pretensão de António. Como configura os deveres de execução da sentença no caso concreto?**
3. **Imagine que António apresentou, nos serviços do Município de Vila Verde, um pedido de informação dirigido ao Presidente da Câmara Municipal com vista a saber como tem o Município tratado outros casos semelhantes ao seu.**

Sabendo que o prazo para que tal informação fosse prestada já expirou e que António continua à espera de resposta, **diga como pode António reagir contenciosamente.**

B.

Um Centro de Investigação de uma Universidade Pública desencadeou um procedimento concursal para o recrutamento de um bolseiro tendo em vista a execução de tarefas no âmbito de um projeto financiado pelo Programa 2020, que se prolongará por 24 meses.

Ao Concurso apresentaram-se 3 candidatas, **A, B e C**, tendo esta sido imediatamente excluída em virtude de não ter instruído devidamente a candidatura e não reunir os requisitos solicitados no edital de abertura do procedimento.

Após avaliação pelo júri, **A e B** foram notificadas da lista final, acompanhada de um quadro com a classificação numérica atribuída, tendo **A** sido seriada em primeiro lugar.

1. Nesse sentido, **C.**, considerando "dispor do prazo de 10 dias úteis para, querendo, se pronunciar em sede de audiência", entende que a decisão de exclusão é nula, uma vez que nunca foi ouvida naquele procedimento concursal e, por isso, pretende recorrer junto dos tribunais administrativos. **Pronuncie-se sobre as possibilidades de sucesso de C.**

2. **B.,** não concordando com a ordem estabelecida na lista final de seriação, uma vez que o seu curriculum vitae é superior ao de **A.**, pretende recorrer aos tribunais, sendo que o regulamento de atribuição de bolsas de investigação da Universidade prevê que "cabe sempre recurso da lista final de seriação, no prazo de 7 dias úteis, para o Reitor da Universidade".
Diga como B. deve reagir do ponto de vista das garantias contenciosas.

3. **Imagine que, cinco anos depois, o tribunal administrativo veio dar razão a B. Como configura os deveres de execução da sentença no caso concreto?**

Resolução

TEXTO 1

- Partir da ideia de que os autores do texto procuram evidenciar quer o aspeto material da jurisdição administrativa, referindo-se aos litígios que lhe cabe, em princípio, resolver, quer ao aspeto orgânico, isto é, por que tribunais atua.
- Assim, quanto ao aspeto ***orgânico,*** do confronto dos artigos 210º e 212º da CRP não resultam dúvidas de que os tribunais administrativos e fiscais constituem, desde 1989, uma categoria própria de tribunais, separada dos tribunais da jurisdição comum (209º, nº 1, al. f) CRP), formando uma hierarquia cujo órgão superior é o Supremo Tribunal Administrativo. Assim,

os tribunais administrativos e fiscais são, tal como os tribunais comuns, órgãos de soberania.

Tendo sido importante a reforma de 1984/1985, porquanto da publicação da Lei de Processo nos Tribunais Administrativos (LPTA) e do ETAF, só após a reforma de 1989 é possível afirmar a jurisdição administrativa como obrigatória e como jurisdição comum em matéria administrativa.

- Reforçar a ideia de que a jurisdição administrativa de corpo inteiro implica a existência de órgãos permanente. Nesse sentido, são-no o Supremo Tribunal Administrativo (STA), o Tribunal Central Administrativo Norte (TCA-N), o Tribunal Central Administrativo Sul (TCA-S) e os Tribunais Administrativos de Círculo (TAC's) que, quando funcionam agregados com os tributários, se designam Tribunais Administrativos e Fiscais (TAF's) – vd. artigos 8º a 44º-A do ETAF – sendo que, após a reforma de 2002, pese embora a regra ser a do duplo grau de jurisdição, passou a existir, a título excecional e dentro dos limites da alçada – que é fixada em função da alçada dos tribunais judiciais (6º ETAF) –, o triplo grau de jurisdição (24º, nº 2 ETAF e 150º CPTA).
- Salientar ainda que, nos termos constitucionais, os juízes formam um corpo único e regem-se por um só estatuto (215º CRP), sendo que a CRP revela que a única classe de Magistratura Judicial que para ela releva é a dos Juízes dos Tribunais Judiciais, deixando ao legislador ordinário a tarefa de definir o Estatuto dos Magistrados da Jurisdição Administrativa e Fiscal. Nessa senda, o artigo 57º do ETAF encerra o modelo referencial para os magistrados dos Tribunais Administrativos e Fiscais: inamovibilidade; irresponsabilidade; independência.
- Referir ainda a existência de um Conselho Superior dos Tribunais Administrativos e Fiscais que, apesar de ter uma função igual à que o Conselho Superior de Magistratura exerce face aos tribunais judiciais, não possui, ao contrário deste, dignidade constitucional, sendo a sua competência definida no artigo 74º do ETAF, reduzindo-se basicamente à gestão admi-

nistrativa dos recursos humanos, à disciplina da respetiva magistratura e à gestão dos processos, configurando-se mais como um órgão de autoadministração do que como órgão de autogoverno.

- Concluir, assim, que, apesar dos enormes avanços na valorização da justiça administrativa, por conta da sua constitucionalização, não é ainda possível afirmar uma paridade absoluta entre a jurisdição administrativa e a jurisdição dos tribunais judiciais. Seria ainda de refletir quanto aos principais desafios da jurisdição administrativa no futuro.
- Quanto ao aspeto ***material*** da jurisdição administrativa, os autores referem-se sobretudo à interpretação a dar à cláusula constitucional do artigo 212º, nº 3, segundo a qual compete aos tribunais administrativos e fiscais o julgamento das ações e recursos contenciosos que tenham por objeto dirimir os *litígios emergentes das relações jurídicas administrativas e fiscais*. Trata-se, no entanto, de uma reserva relativa de competência, como de resto é pacífico na doutrina e na jurisprudência portuguesas, tanto que há matérias referentes a esses litígios que não cabem na jurisdição administrativa como existem outras que, não dizendo respeito a tais relações jurídico-administrativas, ainda assim são entregues aos juízes administrativos, sendo certo que, em alguns casos, é o próprio legislador constitucional a ditar as regra e os desvios, como sucede, por exemplo, com o contencioso eleitoral relativo às Autarquias Locais, cuja competência é do Tribunal Constitucional.
- Referir que *a matéria da delimitação do âmbito da jurisdição administrativa e fiscal é regulada pelo artigo 4º, nº 1 do ETAF*, sofrendo, entretanto, derrogações resultantes de legislação especial, sempre que, num ou outro diploma, o legislador entende distribuir de modo diferente os litígios pelos tribunais administrativos e fiscais e pelos tribunais comuns.

  Nesse sentido, o artigo 4º do ETAF enuncia uma lista de matérias cuja apreciação se encontra incluída (nºs 1 e 2) e outra de matérias excluídas (nºs 3 e 4) do âmbito da jurisdição administrativa e fiscal, correspondendo, respetivamente, a um elenco exemplificativo positivo e a um elenco exemplificativo negativo, sendo certo que **o critério constitucional da relação jurídica administrativa passou a ser enunciado no final do nº 1 (alínea o), consagrando o ETAF este critério como critério de aplicação subsidiária e residual.**

- Análise das diversas alíneas do artigo 4º ETAF, colocando em evidência o que foi dito, sobretudo os casos mais problemáticos, convocando jurisprudência e doutrina sobre o assunto (por exemplo, no domínio da expropriação por utilidade pública ou no domínio do ilícito administrativo de mera ordenação social).
- Refletir sobre a importância da jurisprudência, máxime do Tribunal de Conflitos, para a consolidação da delimitação positiva da jurisdição administrativa.

TEXTO 2

- Partir da ideia, vertida no texto, de que, desde a sua génese, o contencioso português assentou em diversas antinomias e contradições. Antinomias e contradições essas que se continuam a fazer sentir nos dias que correm. E que, muito em parte, procedem das dificuldades evidenciadas pelo legislador nacional, ao nível da compatibilização do direito interno português com as exigências decorrentes do direito da União Europeia (mormente, as resultantes da Diretiva 89/665/CEE do Conselho, de 21 de dezembro de 1989, e da Diretiva 92/13/CEE do Conselho, de 25 de Fevereiro de 1992; ambas revistas em 2007), bem como da jurisprudência do TJUE (como é exemplo o Acórdão *Comissão vs. Áustria*, proc. nº C-212/02).
- Começar por explicar as inovações introduzidas pelo Decreto-Lei nº 134/98, de 15 de Maio, que transpôs a Diretiva Recursos de 89. Em concreto, dar conta das duas principais alterações que o referido diploma veio provocar no contencioso pré-contratual português, quais sejam: (i) a consagração da possibilidade de os interessados lançarem mão de meios impugnató-

rios principais urgentes dirigidos contra os atos administrativos relativos à formação dos contratos públicos previstos no âmbito de aplicação daquele diploma; e, bem assim, (ii) a contemplação da possibilidade de esses mesmos interessados lançarem mão de medidas provisórias, de carácter também urgente, com o fito de acautelar a utilidade da decisão final a ser proferida no processo principal.

Deixar, todavia, bem patente que as soluções concretamente adotadas pelo legislador foram questionadas, tanto do ponto de vista da sua correção como da sua completude. Isto porque, não obstante os avanços que o Decreto-Lei nº 134/98, de 15 de maio, trouxe consigo neste domínio, facto é que a marcha processual do contencioso de anulação de atos do procedimento pré-contratual no contencioso português desembocava quase sempre numa decisão de inutilidade superveniente da lide, uma vez que a decisão do recurso de anulação, quando era proferida, já o contrato estava celebrado e não raras as vezes parcial ou completamente executado. Daí que, mesmo que obtivesse ganho na sua pretensão impugnatória, o autor não conseguisse retirar dela quaisquer consequências, pois, em última instância, do cumprimento voluntário ou forçado não resultava a colocação do terceiro preterido na posição de cocontratante.

– Salientar que, em 2002-03, o contencioso administrativo português da contratação pública sofreu uma reforma profunda. Reforma essa que, não só veio ditar um enorme alargamento do âmbito de sujeição da jurisdição administrativa em matéria contratual, como também estabelecer novos mecanismos contenciosos relativos à contratação pública.

  Concretizar que a opção do legislador recaiu pelo reforço de um sistema dualista, no qual se reconduziam (i) à forma processual de ação administrativa comum as pretensões relativas à interpretação, validade e execução do contrato, e (ii) à forma de ação administrativa especial as pretensões relativas à impugnação de atos administrativos em matéria de preparação e execução de contratos. Acrescentar que, a esta dualidade, somara-se o regime especificamente aplicável aos atos administrativos concernentes aos procedimentos adjudicatórios dos contratos enquadráveis no âmbito do art. 100º (do CPTA, antes da revisão de 2015), cuja impugnação deveria seguir a forma de ação principal urgente. E, ainda, a tutela cautelar especificada, contemplada no art. 132º do CPTA.

- Denotar que, conquanto a Diretiva Recursos tenha sido objeto de revisão, em 2007, do articulado do Decreto-Lei nº 131/2010, de 14 de dezembro (que transpôs a referida Diretiva para o ordenamento jurídico nacional), não resultou qualquer alteração ao CPTA. O que sempre poderá ser entendido como um sinal de que o legislador considerara os mecanismos pré-contratuais presente neste último diploma adequados aos objetivos da Diretiva.

  Frisar, no entanto, que tal intuição se revelara infundada, tal como o próprio legislador viria a reconhecer aquando da reforma de 2015 do CPTA.

  Salientar as desconformidades do direito interno português daquela época com as exigências do direito processual europeu da contratação pública. Em especial, chamar à atenção para as dificuldades que se verificavam quanto à conciliação de dois tempos: (i) o prazo inscrito no Código dos Contratos Públicos na denominada cláusula de *standstill*, cuja duração era de 10 dias; e (ii) e o prazo de impugnação de ato de adjudicação, sob pena de caducidade, para a utilização da forma processual administrativa pré-contratual urgente, o qual, antes da reforma de 2015 do CPTA, era de 1 mês.
- Aludir à grande novidade introduzida pelo CPTA de 2015, no que diz respeito à previsão de que a impugnação do ato de adjudicação produz a suspensão automática dos respetivos efeitos. Solução que, como se deixou expresso na exposição de motivos do Decreto-Lei nº 214-G/2015, de 2 de outubro, foi adotada, justamente, com "o propósito de proceder finalmente à transposição da Diretiva Recursos (...)", dada a supracitada

situação de desconformidade do direito nacional perante o direito europeu.

Dar igualmente nota das inovações introduzidas pelo diploma em questão, do ponto de vista da impugnação dos documentos conformadores do procedimento (artigo 103º) e da adoção de medidas provisórias (artigo 103º-B).

- Colocar a tónica nas alterações recém-introduzidas pela Lei nº 118/2019, de 17 de setembro, ao processo de contencioso pré-contratual – *maxime*, ao nível do efeito suspensivo automático da propositura da ação de impugnação de decisão de adjudicação e da adoção de medidas provisórias.

  Sublinhar a manifesta marcha à ré operada pelo legislador, com as referidas alterações. Em concreto, explicar que, se no quadro do CPTA de 2015, como anteriormente se referiu, a propositura de uma ação de contencioso pré-contratual de impugnação da decisão de adjudicação implicava o efeito suspensivo dessa decisão; atualmente, já assim não é. Afinal, nos termos do artigo 103º-A/1 do CPTA, na sua redação atual, as ações de impugnação de decisão de adjudicação só produzem o efeito suspensivo automático quando o procedimento pré-contratual adotado (com vista à celebração de contratos de empreitada e concessão de obras públicas, concessão de serviços públicos, de aquisição ou locação de bens móveis e de aquisição de serviços) tenha tido publicidade internacional e, nestes casos, apenas quando tenha sido apresentada mais do que uma proposta. E tenha o processo sido desencadeado no prazo de 10 dias úteis desde a notificação da adjudicação. Fora destes casos, se o autor pretender obter o efeito suspensivo da decisão de adjudicação, deverá requerer ao juiz administrativo a adoção da correspondente medida provisória. Medida provisória essa que, nos termos do art. 103º-B do mesmo diploma, se destina, precisamente, "a prevenir o risco de, no momento em que a sentença venha a ser proferida, se ter constituído uma situação de facto consumado ou já não ser possível retomar o procedimento pré-contratual para determinar quem nele seria escolhido como adjudicatário".

- Efetuar uma breve referências às novidades introduzidas pela Lei nº 30/2021, de 21 de maio, aos artigos 102º e 103º-A do CPTA, quais sejam: (i) a introdução de um despacho liminar que permite ao juiz pronunciar-se, num prazo de 48 horas, sobre a existência do efeito suspensivo e admitir ou rejeitar a petição cujas pretensões se revelem manifestamente improcedentes ou inadmissíveis; e (ii) o encurtamento dos prazos relativos ao levamento do efeito suspensivo (o autor dispõe agora de cinco dias para responder ao pedido de levantamento, contrariamente aos sete dias de que gozara, antes da supramencionada reforma).

TEXTO 3

- Partir da ideia, vertida no excerto a comentar, de acordo com a qual os mecanismos de resolução alternativa de litígios têm vindo a colher um crescente protagonismo no domínio dos conflitos jurídico-administrativos. Concordar que "é disso prova o sucessivo reforço do quadro normativo que os prevê", remetendo maiores desenvolvimentos para os parágrafos subsequentes.
- Salientar, no que especificamente concerne à arbitragem administrativa, a constante ampliação das suas possibilidades e os melhoramentos pontuais de que a mesma tem sido objeto, nomeadamente, em face das alterações introduzidas no CTPA e no Código dos Contratos Públicos.

  Em especial, dar conta de que, se até 2004, a matéria da arbitrabilidade de Direito Administrativo era unicamente regulada pelo art. 2º/2 do ETAF de 1984, nos termos do qual (apenas) se admitia a existência de tribunais arbitrais "no domínio do contencioso dos contratos administrativos e da responsabilidade civil por prejuízos decorrentes de atos de gestão pública, incluindo o contencioso das ações de regresso", a verdade é que, hoje, a realidade é bem diferente. Basta, de resto, atentar na amplitude do atual art. 180º/1 do CPTA; preceito onde se estabelece que "Sem prejuízo do disposto em lei especial, pode ser constituído tribunal arbitral para o julgamento de: (a) questões respeitantes a contratos, incluindo a anulação ou declaração de nulidade de atos administrativos relativos à respetiva execução; (b) questões respeitantes a responsabilidade civil extracontratual, incluindo a efetivação do direito de regresso, ou indeminizações devidas nos termos da lei, no âmbito das relações jurídicas administrativas; (c) questões respeitantes à validade de atos administrativos, salvo determinação legal em contrário; (d) questões respeitantes a relações jurídicas de emprego público, quando não estejam em causa direitos indisponíveis e quando não resultem de acidente de trabalho ou de doença profissional". Ou ainda, no próprio art. 476º/1 do Código dos Contratos Públicos, onde resulta, sem margem para dúvidas, que "o recurso à arbitragem ou a outros meios de resolução alternativa de litígios é permitido, nos termos da lei, para a resolução de litígios emergentes de procedimentos ou contratos aos quais se aplique o presente Código". Sendo certo que, neste campo, o legislador optou por estabelecer uma solução que confere preferência à arbitragem através de centros de arbitragem (impondo à entidade pública um dever acrescido e exaustivo de fundamentação da escolha da arbitragem *ad hoc*, no art. 476º/3). E veio igualmente prever que a submissão do litígio à arbitragem depende apenas da vontade da entidade pública adjudicante (regra que é inevitavelmente imposta na esfera jurídica dos interessados em participar no procedimento, depois de ter tomado a decisão de contratar, nos termos da al. a) do nº 2, e imposta ao cocontratante tal como previsto no caderno de encargos, depois de assinado o contrato, nos termos da al. b) do nº 2, afastando a clássica forma convencional de submissão de litígio à arbitragem e apresentando uma clara novidade de convenção arbitral de adesão).

Efetuar ainda referência ao facto de, em Portugal, a arbitragem se encontrar, inclusivamente, prevista, como necessária ou obrigatória em determinados domínios. Assim sucede, nomeadamente, no âmbito desportivo, onde o art. 4º/1 da Lei nº

74/2013, de 6 de setembro, estabelece que "Compete ao TAD [Tribunal Arbitral do Desporto] conhecer dos litígios emergentes dos atos e omissões das federações desportivas, ligas profissionais e outras entidades desportivas, no âmbito do exercício dos correspondentes poderes de regulamentação, organização, direção e disciplina". Mas também, por exemplo, nos litígios relativos a greves e nas questões relacionadas com a fixação de serviços mínimos.

- Referir, no tocante à mediação e à conciliação, que também esta tem sido objeto de importantes desenvolvimentos. Destaque-se, a título meramente exemplificativo, a solução consagrada no atual art. 87º-C do CPTA, o qual acolhe este mecanismo alternativo de resolução de litígios no processo administrativo, ao estabelecer que "Quando a causa couber no âmbito dos poderes de disposição das partes, pode ter lugar, em qualquer estado do processo, tentativa de conciliação ou mediação, desde que as partes conjuntamente o requeiram ou o juiz a considere oportuna". Chamar, todavia, à atenção que, de acordo com tal preceito, as partes "não podem ser convocadas exclusivamente para esse fim mais do que uma vez".

  Dar igualmente nota de que, entre nós, existem muitas outras previsões legais que permitem expressamente a mediação administrativa. Pense-se, designadamente, na Lei nº 67/2013, de 28 de agosto, a qual atribui às entidades administrativas independentes com funções de regulação da atividade económica dos setores privado, público e cooperativo competências para promover a resolução alternativa de litígios através da mediação ou conciliação (cfr. art. 40º/4 do diploma em questão). Mas também, na Lei Geral do Trabalho em Funções Pública, onde se contempla a possibilidade de mediação para resolver os litígios concernentes ao emprego público (cfr. arts. 387º a 393º do diploma em questão).
- Relacionar a evolução do quadro normativo aplicável nestes domínios com os méritos dos mecanismos alternativos de resolução de litígios. Em concreto, sublinhar que a arbitragem

resolve problemas, não deixa os litigantes à espera, impede a formação das situações de facto consumado e não envia o assunto em litígio para as calendas gregas. E que também a mediação apresenta inúmeras vantagens, quer em termos globais, do ponto de vista do serviço público, quer em termos pessoais e relacionais, dos mediados. Isto porque, pragmaticamente, tal mecanismo, diminui os custos inerentes à resolução de conflitos; reduz o tempo médio de resolução do conflito; permite que os participantes controlem os procedimentos, desde o início até ao fim, uma vez que a decisão de iniciar ou colocar termos à mediação está na disponibilidade das partes; mantém a confidencialidade do conflito; sendo, em suma, um meio mais flexível e informal para encontrar a solução para o diferido. Ademais, do ponto de vista qualitativo, a mediação permite ainda a melhoria do relacionamento entre as partes, ou pelo menos evita a sua deterioração, na medida em que promove um ambiente de colaboração na abordagem ao problema; permite sanar o conflito, uma vez que o mesmo é tratado a fundo e de acordo com os critérios valorizados pelas partes e não de acordo com critérios estabelecidos exteriormente; reduz o desgaste emocional, pois facilita a comunicação entre as partes; possibilita a efetiva reparação pessoal, uma vez que são as partes que chegam à solução para o problema. Como tal, esta configura um mecanismo recomendável para a resolução de litígios relativos a relações que se desejam restabelecer ou a situações que permanecem no tempo, de modo que possa existir uma restauração da relação ou da situação, que se considera que perdurará após o litígio

- Concluir, refletindo sobre as perspetivas quanto à aplicação dos citados mecanismos de resolução alternativa de litígios ao longo dos próximos anos.

GRUPO II

CASO PRÁTICO A.

1.

- Qualificação das atuações administrativas e sua (in)validade:
  - ✓ **Quanto ao Primeiro Despacho, proferido pelo Vereador:** é necessário partir do conceito de ato administrativo, preceituado no 148º do CPA: consideram-se atos administrativos "as decisões, emanadas ao abrigo de poderes jurídico-administrativos, que visem produzir efeitos jurídicos externos numa situação individual e concreta".

É possível identificar no despacho os elementos do conceito: (i) trata-se de uma decisão, na medida em que a ordem para proceder a demolição de obras possui conteúdo constitutivo, isto é, provoca uma alteração disciplinadora numa situação da vida social; (ii) foi emanada ao abrigo de poderes jurídico-administrativos, uma vez que o Vereador é um membro do órgão executivo Câmara Municipal, exercendo a função administrativa ao abrigo de normas de direito administrativo (no caso concreto, o Regime Jurídico da Urbanização e da Edificação – RJUE); e (iii) produz efeitos jurídicos externos numa situação individual e concreta, visto que os seus efeitos projetam-se para além da esfera da entidade administrativa que emana o ato, definindo precisamente a situação jurídica de Manuel quanto às obras que executou.

Sucede que esse primeiro despacho contém, ainda, para além da decisão referida, a execução dessa mesma decisão ("a demolição deve ser realizada no prazo de 10 dias, sob pena da CM o fazer a expensas do infrator").

Significa, portanto, **que o ato em causa configura um ato exequendo híbrido, na medida em que também inclui a decisão de proceder à demolição (artigo 177º do CPA).**

Para que se verifique a execução coerciva, é necessária uma decisão de a ela proceder (art. 177º, nº 2 do CPA). Da decisão deverá constar a fundamentação da mesma, a indicação do conteúdo e os termos da execução e a cominação de um prazo razoável para o cumprimento da obrigação exequenda (art. 177º, nºs 2 e 3). **Estes requisitos não se encontram preenchidos**, na medida em que a decisão de início da execução não contém fundamentação e o prazo cominado (10 dias) não se assume "prazo razoável".

- ✓ **Quanto ao Segundo Despacho, proferido pelo Diretor:** estamos perante um **ato que, proferido por um outro órgão, não se limita a repetir a decisão de proceder à execução, sendo em relação a esse inovador**, na medida em que fixa o montante para os custos da demolição.
  De facto, consubstancia uma "decisão autónoma", mas que se assume desconforme com o princípio da proporcionalidade da execução, na medida em que fixa um valor elevado para os custos da demolição a efetuar por terceiros (178º, nº 1 CPA).

- ✓ Quanto à demolição iniciada pelos serviços municipais: estamos no domínio **dos atos ou operações materiais,** sendo que a demolição iniciada pelos serviços se encontra em desconformidade com os termos determinados na decisão de proceder à execução, pois ainda não tinha decorrido o prazo conferido para o cumprimento da obrigação exequenda.

Tais circunstâncias expostas podem dar lugar à utilização dos meios de garantia pelo executado, sejam administrativos ou judiciais (art. 182º CPA). Nesses termos, importa analisar **as possibilidades de sucesso de António, tendo em consideração o direito constitucional à tutela jurisdicional efetiva, vertido nos artigos 20º e 268º, nºs 4 e 5 da CRP e n artigo 2º do CPTA.**

NO QUE SE REFERE À AÇÃO PRINCIPAL

- Análise dos pressupostos processuais:

- **Identificação do meio processual adequado:**
  - **Quanto ao primeiro e segundo despachos: ação administrativa (não urgente) para a impugnação de ato administrativo** (37º, nº 1, al. a) + 50º, nº 1 CPTA).
  - **Quanto às operações materiais: ação administrativa (não urgente) para a condenação à abstenção/inibição de comportamentos** (37º, nº 1, al. h) CPTA)
- Objeto da Ação:
  - **Quanto ao primeiro e segundo despachos:** o processo em causa tem natureza impugnatória, pelo que o seu objeto mediato é **o ato impugnável.**
    - Tal obriga a partir do conceito material de ato administrativo a que se aludiu (148º CPA). De facto, o ato impugnável começa por corresponder a todas as decisões que, no exercício de poderes jurídico-administrativos, visem produzir efeitos jurídicos externos numa situação individual e concreta, mesmo que não ponham termo a um procedimento (51º, nº 1 CPTA) e independentemente da respetiva forma (52º, n.1 CPTA). Nesse sentido, a ordem de demolição – ato exequendo – é um ato administrativo de tutela da legalidade urbanística, preenchendo tais requisitos, sendo, por isso, ato impugnável.
    - Mas o conteúdo do despacho obriga a ir mais longe, isto porque, tal como se deu conta, ele encerra também a decisão de proceder à demolição. **Assim, quer quanto a essa decisão de proceder à demolição, quer quanto ao despacho do Diretor, que são dois atos de execução**, este tipo de atos, em princípio, não são impugnáveis (53º, nº 3 CPTA a contrario). De facto, uma vez que pressupõem ou realizam a decisão exequenda, assumem-se desprovido de conteúdo constitutivo ou decisório, sendo que, embora possa comungar das eventuais invalidades de que possa padecer o ato exequendo, contra ele também não podem ser invocados vícios que já podiam e deviam ter sido invocados contra o ato exequendo.

Sucede, no entanto, que esse tipo de atos pode possuir conteúdo decisório inovador, na medida em que contribui para completar a definição jurídica que havida sido introduzida no ato exequendo (no caso, na ordem de demolição). É justamente o que se verifica no caso concreto: **os dois atos de execução introduzem, portanto, um efeito jurídico inovador em relação ao ato que visam executar, sendo, assim, também impugnáveis.**

- **Quanto às operações materiais:** o pedido pressupõe a existência de atuações concretas no âmbito do direito público que não constituam atos impugnáveis, sendo que o conceito de "comportamento" é entendido em sentido amplo, abarcando quer os comportamentos propriamente ditos, quer as operações materiais quer os designados "meros atos jurídicos".

- **Causa de Pedir:** a causa de pedir está relacionada **a ilegalidade dos atos,** e não necessariamente com a lesão de um direito ou interesse legalmente protegido, que até pode nem existir no caso concreto.
  E, sendo certo que, quanto aos atos de execução, estes só podem ser impugnados com fundamento em vícios próprios – 53º, nº 3, 1ª parte CPTA (designadamente, a desconformidade com o próprio ato exequendo, nos termos dos artigos 177º e 182º CPA).
  Também quanto às operações materiais, a ação pressupõe a sua desconformidade quer com o conteúdo e os termos determinados na decisão de proceder à execução quer com os princípios aplicáveis à execução de atos administrativos (182º, nº 3, al. c) CPA).
  Referência aos limites de pronúncia do Tribunal – em especial, 95º, nºs 3, 5 e 6 CPTA.

- **Pedido:** António deveria deduzir o **pedido de declaração de nulidade dos atos** (veja-se que o legislador comina, no artigo

182º, nº 3, al. a) CPA, a desconformidade dos atos de execução com a nulidade) e **o pedido de inibição** (condenação à abstenção de comportamentos), podendo ainda proceder à cumulação de pedidos, nos termos do artigo 4º CPTA, designadamente, com a condenação ao restabelecimento da situação hipotética (al. a) ou a condenação da Administração à reparação de dados causados (al. f).

- **Legitimidade:** nos termos do **artigo 55º, nº 1, al. a) CPTA, António teria legitimidade ativa**, porquanto alegue ser titular de um interesse direto e pessoal, isto é, retire para a sua esfera jurídica uma vantagem com a declaração de nulidade do ato, mesmo que não invoque a titularidade de uma posição jurídica subjetiva lesada.

  Não obstante, se se presumir a sua qualidade de eleitor recenseado no concelho Y, a sua legitimidade ativa sempre estaria garantida por força do artigo 55º, nº 2 CPTA (ação popular "autárquica"), legitimidade esta, aliás, extensível, a qualquer outro eleitor recenseado no concelho Y. Terá também legitimidade ativa o MP (55º, nº 1, al. b) CPTA). Caberá ainda considerar, no presente contexto, a legitimidade ativa de outros órgãos da mesma pessoa coletiva pública (al. c). Seria também possível configurar a hipótese de legitimidade ativa de qualquer pessoa, associação ou fundação defensora para a defesa de interesses difusos, como é o caso do urbanismo, sem necessidade de demonstrar um interesse pessoal na demanda (9º, nº 2, *ex vi* 55º, nº 1, al. f) CPTA).

  Quanto à **legitimidade passiva,** deverá ser demandado o Município Y (que é a pessoa coletiva), nos termos do artigo 10º, nº 2 CPTA. No entanto, caso tivesse sido indicada como parte demandada um órgão da p.c.p., a ação considerar-se-ia regularmente proposta contra o Município (10º, nº 4 CPTA). Deveriam ainda ser demandados os contrainteressados a quem o provimento do processo impugnatório possa diretamente prejudicar ou que tenham legítimo interesse na manutenção do ato impugnado, nos termos do artigo 57º CPTA, situação configurável como litisconsórcio passivo necessário, sob pena de se verificar uma exceção dilatória de ilegitimidade passiva (89º CPTA).

- **Tempestividade:** as ações poderiam ser propostas a todo o tempo (58º, nº 1 CPTA).

- **Jurisdição e Competência dos Tribunais:** a jurisdição administrativa é competente para apreciar o litígio em concreto, porquanto em causa está a fiscalização da legalidade de atos praticados por órgãos que integram a Administração Pública (4º, nº 1, al. b) ETAF), sendo competente para conhecer da matéria em primeira 1ª instância o tribunal administrativo competente é o **tribunal da área da sede da entidade demandada** (Município de Vila Verde), nos termos 20º, nº 1 CPTA. **Assim, seria competente o Tribunal Administrativo e Fiscal de Braga (artigo 2º, nº 1 + mapa anexo do DL nº 325/2003, de 29 de dezembro).**

NO QUE SE REFERE AOS PROCESSOS CAUTELARES

António poderá ainda requer a adoção de providências cautelares, por forma a assegurar a utilidade da lide principal (a possibilidade da cumulação de pedidos a que corresponda uma das formas de ação administrativa urgente é assegurada pelo artigo 4º, nº 3 CPTA).

- A tutela cautelar reveste as seguintes características: ***instrumentalidade*** (dependência funcional de uma ação principal cuja utilidade visa assegurar), ***provisoriedade*** (não está em causa uma resolução definitiva do litígio); *e* ***sumariedade*** (manifestada na cognição sumária da situação de facto e de direito).
- Vigorando um princípio da plenitude da proteção, o que implica a universalidade das providências admitidas, António deveria solicitar o decretamento de uma providência cautelar que se mostre adequada a assegurar a utilidade da sentença.

- O Tribunal competente é o mesmo para decidir a causa principal (20º, nº 6 CPTA).
- Assim, **em relação à ação de impugnação**, deveria requer, designadamente, **a providência cautelar de suspensão da eficácia do ato (112º, nº 2, al. a) CPTA).**
- Em **relação à ação inibitória**, deveria requer, designadamente, a **providência de intimação para a abstenção de conduta por parte da Administração (112º, nº 2, al. i) CPTA).**
- A decisão de concessão da providência cautelar assenta em três requisitos: i) ***Periculum in Mora:*** pressupõe a existência de um perigo de inutilidade, resultante do decurso do tempo. Assim dispõe o artigo 120º, nº 1, CPTA, 1ª parte: "quando haja fundado receio da constituição de situação de facto consumado ou da produção de prejuízos de difícil reparação para os interesses que o requerente visa assegurar no processo principal"; ii) ***Fumus boni iuris:*** referente à avaliação da existência do direito invocado pelo particular ou da ilegalidade que alega existir (120º, nº 1, 2ª parte); *iii)* ***Proporcionalidade na decisão da concessão da providência:*** implica a ponderação de todos os interesses em jogo, incluindo o dos contrainteressados, no sentido de se ponderar os prejuízos reais que, atentas as circunstâncias do caso concreto, resultariam da recusa ou da concessão (ainda que limitada) da providência cautelar (120º, nº 2, 2ª parte).
- Tendo sido requerida a providência de suspensão de eficácia do ato, Manuel beneficiaria automaticamente da sua pretensão, estando a entidade administrativa impedida de iniciar ou prosseguir com a execução (128º, nº 1 CPTA, 1ª parte). No entanto, reconhecendo que o diferimento da execução seria gravemente prejudicial para o interesse público, **a entidade administrativa poderá apresentar uma resolução fundamentada por forma a afastar o efeito automático que aquela providência opera (128º, nº 1, 2ª parte)**. Isto não obsta ao dever que sobre a entidade Administrativa impede de, com urgência, impedir que os serviços municipais continuem à proceder à execução do ato (128º, nº 2 CPTA).

2.

- Enquadramento:
  - ✓ A questão colocada insere-se no domínio da **execução das sentenças dos tribunais administrativos.** Tendo o tribunal anulado a decisão, a sentença é constitutiva, isto é, produz ou autoriza uma alteração na ordem jurídica existente, criando, modificando ou extinguindo uma relação jurídica ou situação ou "status" (10º, nº 2, al. c) CPC).
  - ✓ A sentença anulatória produz os seguintes **principais efeitos** (cf. 173º CPTA):
    - **Efeito constitutivo (efeito direto da sentença),** que se traduz na invalidação do ato impugnado, eliminando-o desde o momento em que se verificou a ilegalidade – eficácia *ex tunc* da sentença (salvo ilegalidades supervenientes).
    - **Efeito reconstitutivo,** que se traduz no dever de a Administração reconstituir a situação que existiria se o ato anulado não tivesse sido praticado (princípio da reconstituição da situação hipotética atual).
    - **Efeito conformativo,** que se traduz no dever de a Administração respeitar o julgado, conformando-se com o conteúdo da sentença e com os limites impostos por esta. Nesse sentido, a Administração não só deve anular, reformar ou substituir os atos jurídicos consequentes e alterar situações de facto constituídas durante a pendência do processo e cuja manutenção seja incompatível com a execução da sentença de anulação, como tem o dever de, ao praticar novos atos, não reincidir nas ilegalidades anteriormente cometidas.
  - ✓ Cumpre salientar que as **decisões proferidas pelos tribunais administrativos gozam de obrigatoriedade,** isto é, o seu cumprimento é obrigatório para todas as entidades públicas e privadas e prevalecem sobre as de quaisquer autoridades administrativas (205º, nº 2 CRP + 158º, nº 1 CPTA).

✓ Há, assim, um dever de **cumprimento espontâneo** por parte da Administração, dentro de um determinado prazo que, tratando-se de sentença de anulação de atos, é de 90 dias (162º, nº 1 + 175º, nº 1 CPTA), sendo que **o efeito reconstitutivo da sentença implicaria que a Administração procedesse *à reedificação, designadamente dos muros e anexos ao edificado demolidos.***

- Sobre a possibilidade de exercício da ação executiva, caso a Administração não tenha dado execução espontânea à sentença:
  - António poderia, **no prazo de um ano,** lançar mão de uma ação executiva (176º, nº 1 + 164º, nº 2 + 170º, nº 2 CPTA), sendo que, findo tal prazo, a sentença continua a dever ser cumprida, mas já não será possível exigir judicialmente a sua execução específica, restando-lhe apenas propor ação de responsabilidade civil pela inexecução ilícita (159º, nº 1, al. a CPTA).
  - Sendo certo que o CPTA não regula expressamente a legitimidade, é seguro afirmar que **terá legitimidade ativa, porquanto obteve ganho de causa no processo declarativo**, devendo demandar a entidade responsável pelo ato anulado, que é quem tem legitimidade passiva, bem como os contrainteressados (cf. 177º, nº 1 CPTA).
  - No que respeita ao Tribunal competente, será o tribunal que, em primeiro grau de jurisdição, julgou a causa (164º, nº 1 + 176º, nº 1 CPTA).

- **Sobre a possibilidade de configuração de uma causa legítima de inexecução:**
  - Nos termos do artigo 163º, nº 1 CPTA, **só constitui causa legítima de inexecução: (i) a impossibilidade absoluta e (ii) o excecional prejuízo para o interesse público,** sendo certo que essas causas não podem ser invocadas pela Administração quando se trate do pagamento de quantia certa, o que não se colocaria no caso presente.

- Ora, no caso concreto, é possível descortinar-se dois cenários: se se entender não ser de todo possível que a Administração reconstitua a situação, designadamente que os muros e anexos ao edificado sejam repostos ou reedificados, **estaremos de facto perante uma causa legítima de inexecução da sentença, uma vez que defronte circunstâncias supervenientes que poderão consubstanciar uma impossibilidade absoluta na execução da sentença.** Caso contrário, sendo tal possível, o não cumprimento da sentença consubstanciará inexecução ilícita, envolvendo a responsabilidade civil e disciplinar da Administração, bem como poderá constituir crime de desobediência qualificada (159º CPTA)
- No entanto, a causa legítima só releva se for invocada pela Administração em momento prévio à instauração do processo executivo (durante a fase de cumprimento espontâneo da sentença – 163º, nº 3) ou durante o processo de execução através de dedução de oposição à execução (165º + 177º, nº 3 CPTA).

Verificando-se a causa legítima de inexecução, **António teria direito a uma indemnização (164º, nº 6 CPTA)**, não confundível com a indemnização fundada em responsabilidade civil da administração

3.

✓ **Qualificação jurídica da situação:** está em causa o exercício do *direito de acesso à informação administrativa*, assegurado pela CRP no artigo 268º, sendo que este pode dizer respeito à informação procedimental ou à informação extraprocedimental.
O direito de acesso à informação procedimental tem por objeto o estado ou as decisões tomadas no decurso de um certo procedimento administrativo e tem por destinatários os sujeitos interessados no seu decurso (268º, nº 1 CRP), enquanto o direito de acesso à informação extraprocedimental tem por objeto o acesso aos arquivos de registos administrativos, independente-

mente da pendência de qualquer procedimento em concreto (268º, nº 2 CRP).

No caso concreto, está em causa o ***direito de acesso à informação extraprocedimental*** (regime aplicável – LADA, Lei nº 68/2021).

✓ **Análise dos pressupostos processuais:**

- **Identificação do meio processual adequado:** o legislador previu uma ação principal, seguindo um processo urgente, que passa a ser o meio adequado para satisfazer todas as pretensões informativas, independentemente do tipo de acesso à informação em causa.

  Assim, no caso concreto, António deveria lançar mão de uma **Intimação para a prestação de informações, consulta de processos ou passagem de certidões (104º CPTA).**

- No que respeita **à legitimidade:** António possui, nos termos do 104º, nº 1 CPTA, ***legitimidade ativa,*** porquanto requerer à entidade pública um pedido de informação que não logrou satisfação integral, uma vez que não obteve qualquer resposta. Assim, **a exigência do interessado vale também como pressuposto processual.** No que respeita à ***legitimidade passiva***, a intimação deve ser requerida contra a pessoa coletiva pública competente para facultar a consulta, no caso será a Universidade (105º, nº 1 + 10º, nº 2 CPTA).

- Quanto à tempestividade, **a intimação deve ser requerida no prazo de 20 dias,** a contar do decurso do prazo legalmente estabelecido, sem que a entidade requerida satisfaça o pedido que lhe foi dirigido (105º, nº 2, al. a) CPTA), sendo o prazo de resposta ao pedido de acesso, em regra, de 10 dias, podendo ser prorrogado até um máximo de 2 meses (15º, nºs 1 e 4 da LADA).

  Sendo certo que, nos termos do artigo 106º, nº 1 CPTA, importa considerar o ***efeito interruptivo do prazo de impugnação que decorre da apresentação do pedido de informação ou consulta de documentos*** ao abrigo do artigo 60º, nº 2, ***que se mantém mesmo quando seja requerida a intimação judicial.***

- Quanto à jurisdição administrativa, esta é competente para apreciar o litígio em causa, porquanto está em causa a tutela de direitos fundamentais e outros interesses legalmente protegidos, no âmbito de relações jurídicas administrativas (4º, nº 1, al. a) ETAF). Assim sendo, o Tribunal Competente para conhecer da matéria em 1ª instância será o **tribunal administrativo de círculo da área onde deva ter lugar a consulta pretendida (20º, nº 4 CPTA). Mais uma vez, seria competente o Tribunal Administrativo e Fiscal de Braga (artigo 2º, nº 1 + mapa anexo do DL nº 325/2003, de 29 de dezembro).**

✓ **Consequências da Intimação:** sendo dado provimento ao processo, o juiz determina o prazo em que a intimação deve ser cumprida, prazo que não pode ultrapassar os 10 dias (108º, nº 1 CPTA), devendo a Administração cumprir a intimação, sob pena de lhe serem aplicadas sanções pecuniárias compulsórias (nº 2).

CASO PRÁTICO B.

1.

– Qualificação do ato em causa:

✓ Importa não esquecer que o Centro de Investigação se encontra integrado na Universidade em questão, que, ainda que sob a forma de Universidade Fundação em regime de Direito Privado, não deixa de ser uma entidade pública. E, nesse sentido, importa compreender que o procedimento concursal em questão afigura-se como verdadeiro procedimento administrativo, de iniciativa pública (53º CPA), tendente à emanação de um ato administrativo que, no caso concreto, será a homologação pelo órgão decisório da lista final com a seriação dos candidatos, tal se traduzindo frequentemente numa concordância com a proposta de seriação, mas que, de facto, constituiu o ato jurídico que decide/resolve o procedimento.

Para procedermos à **qualificação jurídica da decisão de exclusão da candidata C** é necessário partir-se do conceito previsto no artigo 148º CPA, segundo o qual consideram-se atos administrativos (i) as decisões que, (ii) no exercício de poderes jurídico-administrativos, (iii) visem produzir efeitos jurídicos externos (iv) numa situação individual e concreta. Ora, **a decisão de exclusão da candidata C. do procedimento concursal não pode deixar de qualificar-se como ato administrativo**, que, apesar de inserido no procedimento, possuiu caráter decisório e produz autonomamente efeitos externos, uma vez que define precisamente a situação jurídica de C. em relação ao procedimento concursal.

EM RELAÇÃO À AÇÃO PRINCIPAL

- **Análise dos pressupostos processuais, com vista às possibilidades de sucesso de Carla, tendo em consideração o direito constitucional à tutela jurisdicional efetiva, vertido nos artigos 20º e 268º, nºs 4 e 5 da CRP e n artigo 2º do CPTA.**
  - **Identificação do meio processual adequado:** o meio processual que se afiguraria adequado seria **a ação administrativa (não urgente) para a impugnação de ato administrativo** (37º, nº 1, al. a) + 50º, nº 1 CPTA).
  - **Objeto da Ação:** o processo em causa tem natureza impugnatória, pelo que o seu objeto mediato é **o ato impugnável.** Este conceito começa por pressupor um conceito material de ato administrativo, nos termos do 148º CPA. Significa, portanto, que do conceito se excluem os puros atos instrumentais, as operações materiais e os comportamentos, na medida em que não constituam decisões. Ora, o conceito de ato impugnável, previsto no artigo 51º CPTA, tende a coincidir com o conceito substantivo e procedimental de ato administrativo.

    No entanto, cabe considerar as especificidades que o legislador consagrou quanto ao conceito de ato administrativo impugnável, seja quanto à sua inserção no procedimento, seja quanto ao seu caráter externo.

Assim, o artigo **51º, nº 2, al. a) do CPTA** postula que são impugnáveis as decisões tomadas no âmbito de procedimentos que não possam ser de novo apreciadas em momento subsequente do mesmo procedimento. Ora, aí se inclui precisamente o ato que determina a exclusão do interessado no procedimento. Por conseguinte, **o ato que exclui C. do procedimento é ato administrativo impugnável,** sendo certo que o regime previsto no artigo 51º, nº 3, 1ª parte (isto é, a impugnação na pendência do procedimento e impugnação unitária facultativa), não lhe é aplicável tal como resulta da 2ª parte do dispositivo normativo.

- **Causa de Pedir:** a causa de pedir está relacionada **a ilegalidade do ato** que se pretende impugnar, e não necessariamente com a lesão de um direito ou interesse legalmente protegido, sendo que a ilegalidade em causa deriva da preterição de uma formalidade procedimental, designadamente a audiência dos interessados, nos termos dos artigos 121º e 124º CPA, ***inquinando o ato com vício formal,*** cuja consequência jurídica é a invalidade, designadamente, a **anulabilidade,** nos termos do 163º CPA, e não a nulidade, como é invocado por C., sendo certo que o Tribunal pode identificar causas de invalidade diversas das invocadas (95º, nº 3 CPTA).
- **Pedido:** C. deveria deduzir o **pedido de anulação do ato** que a exclui do procedimento concursal, podendo ainda proceder à cumulação de pedidos, nos termos do artigo 4º CPTA, designadamente, com a condenação ao restabelecimento da situação hipotética (al. a) ou a condenação à prática de ato legalmente devido (al. c) ou, ainda, a condenação da Administração à reparação de dados causados (al. f).
- **Legitimidade:** nos termos do **artigo 55º, nº 1, al. a) CPTA, C. teria legitimidade ativa**, porquanto alegue ser titular de um interesse direto e pessoal, isto é, retire para a sua esfera jurídica uma vantagem com a anulação do ato, mesmo que

não invoque a titularidade de uma posição jurídica subjetiva lesada.

Caberá ainda considerar, no presente contexto, a legitimidade ativa de outros órgãos da mesma pessoa coletiva pública (al. c).

Quanto à legitimidade passiva, tal como dispõe o artigo 10º, nº 2 CPTA, a **ação deve ser proposta contra a entidade pública (no caso, a Universidade**), sendo que se fosse demandado o Centro de Investigação (que não tem personalidade jurídica própria) a ação considerar-se-ia regulamente proposta (10º, nº 4).

De igual modo, deveriam ser obrigatoriamente demandados os contrainteressados (57º), sob pena de se verificar uma exceção dilatória de ilegitimidade passiva (89º CPTA).

- **Tempestividade:** a ação deve ser proposta no prazo de 3 meses (58º, nº 1, al. b), ou 1 ano, se fosse promovida pelo MP (al. a).

  Em todo o caso, os prazos seriam contados de forma substantiva, nos termos do 58º, nº 2.
- **Jurisdição e Competência dos Tribunais:** a jurisdição administrativa é competente para apreciar o litígio em concreto, porquanto em causa está a fiscalização da legalidade de atos praticados por órgãos que integram a Administração Pública (4º, nº 1, al. b) ETAF), sendo competente para conhecer da matéria em primeira 1ª instância o **tribunal administrativo da residência habitual ou sede do autor (16º CPTA).**

EM RELAÇÃO AO PROCESSO CAUTELAR

Haverá lugar à utilização dos processos cautelares, por forma a assegurar a utilidade da lide principal (a possibilidade da cumulação de pedidos a que corresponda uma das formas de ação administrativa urgente é assegurada pelo artigo 4º, nº 3 CPTA).

➢ A tutela cautelar reveste as seguintes características: ***instrumentalidade*** (dependência funcional de uma ação principal cuja utilidade visa assegurar), ***provisoriedade*** (não está em causa uma resolução definitiva do litígio); *e* ***sumariedade*** (manifestada na cognição sumária da situação de facto e de direito).

- Vigorando um princípio da plenitude da proteção, o que implica a universalidade das providências admitidas, Carla deveria solicitar o decretamento de uma providência cautelar que se mostre adequada a assegurar a utilidade da sentença, designadamente **da providência cautelar para a admissão provisória em concurso (112º, nº 1, al. b) CPTA),** tendo sobretudo em conta a duração limitada da execução do projeto de investigação.
- O Tribunal competente é o mesmo para decidir a causa principal (20º, nº 6 CPTA).
- A decisão de concessão da providência cautelar assenta em três requisitos: i) ***Periculum in Mora:*** pressupõe a existência de um perigo de inutilidade, resultante do decurso do tempo. Assim dispõe o artigo 120º, nº 1, CPTA, 1ª parte: "quando haja fundado receio da constituição de situação de facto consumado ou da produção de prejuízos de difícil reparação para os interesses que o requerente visa assegurar no processo principal"; ii) ***Fumus boni iuris:*** referente à avaliação da existência do direito invocado pelo particular ou da ilegalidade que alega existir (120º, nº 1, 2ª parte); *iii)* ***Proporcionalidade na decisão da concessão da providência:*** implica a ponderação de todos os interesses em jogo, incluindo o dos contrainteressados, no sentido de se ponderar os prejuízos reais que, atentas as circunstâncias do caso concreto, resultariam da recusa ou da concessão (ainda que limitada) da providência cautelar (120º, nº 2, 2ª parte).
- **À luz desses requisitos, não se suscitando dúvidas em relação ao preenchimento dos dois primeiros, não poderá, todavia, deixar de se convocar a elevada probabilidade de recusa da adoção da providência, à luz do princípio da proporcionalidade (cf. 120º, nº 2 CPTA):** isto é, ponderados todos os interesses em causa (públicos e privados), e conside-

rando sobretudo quer o curto período para a execução do projeto de investigação, quer o facto de o seu financiamento advir de fundos europeus, o decretamento da providência poderá efetivamente provocar danos superiores àqueles que resultariam da sua recusa – não se descortinando com razoabilidade, aliás, a hipótese da adoção de uma "contra providência" adequada e menos gravosa – daí resultando a recusa do decretamento da providência cautelar requerida.

2.

- **Enquadramento:** sendo certo que **a pretensão ainda diz respeito ao mesmo procedimento, incidirá agora sobre um outro ato administrativo, no caso o ato final do procedimento**, isto é, a homologação pelo órgão decisório da lista final com a seriação dos candidatos. É sobre este ato que importa aferir das possibilidades de sucesso de Berta

EM RELAÇÃO À AÇÃO PRINCIPAL

- **Análise dos pressupostos processuais, com vista às possibilidades de sucesso de B.:**
- ➢ **Identificação do meio processual adequado:** pelas razões expostas na questão nº 1, **o meio processual adequado é a ação administrativa (não urgente) para a impugnação de ato administrativo (37º, nº 1, al. a) + 50º, nº 1 CPTA).**
- ➢ **Objeto da Ação:** o processo em causa tem natureza impugnatória, pelo que o seu objeto mediato é **o ato impugnável.** Este conceito começa por pressupor um conceito material de ato administrativo, nos termos do 148º CPA. Significa, portanto, que do conceito se excluem os putos atos instrumentais, as operações materiais e os comportamentos, na medida em que não constituam decisões. Ora, o conceito de ato impugnável, previsto no artigo 51º CPTA, tende a coincidir com o conceito substantivo e procedimental de ato administrativo, sendo certo que quanto ao ato que está em causa não é necessário ir mais além porquanto ***estamos na presença do ato administrativo***

por excelência, que põe termo ao procedimento, sendo, assim, ato impugnável.

- ✓ **Causa de Pedir:** a causa de pedir é **a ilegalidade do ato** que se pretende impugnar. Sendo que o facto de B. possuir um curriculum vitae superior ao de A. **poderá consubstanciar uma situação de erro quanto aos pressupostos de facto, constituindo este uma causa de invalidade do ato administrativo**, consubstanciando um vício de violação de lei que configura uma ilegalidade material[2]. Poderá ainda equacionar-se a possibilidade de falta de fundamentação do ato (cf. 152º e 153º CPA), o que equivale a um vício formal por preterição de formalidade procedimental. Sendo certo que o Tribunal pode, no entanto, identificar causas de invalidade diversas das invocadas (95º, nº 3 CPTA).
- ✓ **Pedido:** B. deveria deduzir o pedido de anulação do ato que a exclui do procedimento concursal, podendo ainda cumular, nos termos do artigo 4º CPTA, designadamente, com a condenação ao restabelecimento da situação hipotética (al. a), com a condenação à prática de ato legalmente devido (al. c) ou com a condenação à reparação de dados (al. f).
- ✓ **Legitimidade:** nos termos do **artigo 55º, nº 1, al. a) CPTA, B. teria legitimidade ativa**, porquanto alegue ser titular de um interesse direto e pessoal, isto é, retire para a sua esfera jurídica uma vantagem com a anulação do ato. Caberá ainda considerar, no presente contexto, a legitimidade ativa de outros órgãos da mesma pessoa coletiva pública (al. c).

  Quanto à legitimidade passiva, tal como dispõe o artigo 10º, nº 2 CPTA, a **ação deve ser proposta contra a entidade pública (no caso, a Universidade)**, sendo que se fosse demandado o Centro de Investigação (que não tem personalidade jurídica própria) a ação considerar-se-ia regulamente proposta (10º, nº 4).

[2] Neste sentido, veja-se, por exemplo, o Acórdão do STA, de 12-03-2009 (Proc. 0545/98).

De igual modo, deveriam ser obrigatoriamente demandados os contrainteressados (57º), sob pena de se verificar uma exceção dilatória de ilegitimidade passiva (89º CPTA).

✓ **Tempestividade:** a ação deve ser proposta no prazo de 3 meses (58º, nº 1, al. b), ou 1 ano, se fosse promovida pelo MP (al. a). 0,25 v.).

➢ Sucede que o regulamento do concurso prevê a utilização de uma ***garantia administrativa:*** o recurso para o Reitor configura *recurso para órgão da mesma pessoa coletiva que exerça poderes de supervisão* (199º, nº 1, alínea a) CPA), sendo que, quanto à sua natureza jurídica, na medida em que prevê que "*cabe sempre recurso* da lista final de seriação, no prazo de 7 dias úteis, para o Reitor da Universidade", estamos perante um **recurso de natureza necessária**(185º, nº 2 + artigo 3º do DL 4/2015).
Tal significa que o recurso suspende a eficácia do ato até à respetiva decisão ou o esgotamento do prazo para decidir (189º, nº 1 CPA + 59º, nº 4 CPTA), sendo essa a data em que começará igualmente a correr o prazo de impugnação judicial.
Isto quer dizer que o acesso aos tribunais se encontra condicionado a uma pronúncia administrativa prévia: a impugnação administrativa deve ser realizada, sob pena de o ato poder vir a transformar-se em ato impugnável. A pronúncia administrativa prévia é, assim, pressuposto processual.

✓ **Jurisdição e Competência dos Tribunais:** a jurisdição administrativa é competente para apreciar o litígio em concreto, porquanto em causa está a fiscalização da legalidade de atos praticados por órgãos que integram a Administração Pública (4º, nº 1, al. b) ETAF), sendo competente para conhecer da matéria em primeira 1ª instância o **tribunal administrativo da residência habitual ou sede do autor (16º CPTA)**.

EM RELAÇÃO AO PROCESSO CAUTELAR

- **B. poderá requer a adoção de providências cautelares** (59º, nº 5, *in fine*), **por forma a assegurar a utilidade da lide principal (a possibilidade da cumulação de pedidos a que corresponda uma das formas de ação administrativa urgente é assegurada pelo artigo 4º, nº 3 CPTA).**
  - A tutela cautelar reveste as seguintes características: ***instrumentalidade*** (dependência funcional de uma ação principal cuja utilidade visa assegurar), ***provisoriedade*** (não está em causa uma resolução definitiva do litígio); *e* ***sumariedade*** (manifestada na cognição sumária da situação de facto e de direito).
  - Vigorando um princípio da plenitude da proteção, o que implica a universalidade das providências admitidas, Beta deveria solicitar o decretamento de uma providência cautelar que se mostre adequada a assegurar a utilidade da sentença, designadamente **da providência cautelar de suspensão da eficácia do ato (112º, nº 2, al. a) CPTA).**
  - O Tribunal competente é o mesmo para decidir a causa principal (20º, nº 6 CPTA).
    - ✓ A decisão de concessão da providência cautelar assenta em três requisitos: i) ***Periculum in Mora:*** pressupõe a existência de um perigo de inutilidade, resultante do decurso do tempo. Assim dispõe o artigo 120º, nº 1, CPTA, 1ª parte: "quando haja fundado receio da constituição de situação de facto consumado ou da produção de prejuízos de difícil reparação para os interesses que o requerente visa assegurar no processo principal"; ii) ***Fumus boni iuris:*** referente à avaliação da existência do direito invocado pelo particular ou da ilegalidade que alega existir (120º, nº 1, 2ª parte); *iii)* ***Proporcionalidade na decisão da concessão da providência:*** implica a ponderação de todos os interesses em jogo, incluindo o dos contrainteressados, no sentido de se ponderar os prejuízos reais que, atentas as circunstâncias do caso concreto,

resultariam da recusa ou da concessão (ainda que limitada) da providência cautelar (120º, nº 2, 2ª parte).

✓ Tendo sido requerida tal providência, Carla beneficiaria automaticamente da sua pretensão, estando a entidade administrativa impedida de executar o ato administrativo (128º, nº 1 CPTA, 1ª parte). No entanto, mais uma vez ponderados os interesses em causa, e considerando quer o curto período para a execução do projeto de investigação quer o facto de o seu financiamento advir de fundos europeus, o decretamento da providência, que terá como consequência o diferimento da execução do ato administrativo, pode efetivamente provocar graves prejuízos para o interesse público. Isto significa que, agora **à luz do artigo 128º CPTA, a entidade administrativa poderá apresentar uma resolução fundamentada por forma a afastar o efeito automático que aquela providência opera.**

3.

- Enquadramento:
  - ✓ A questão colocada insere-se no domínio da **execução das sentenças dos tribunais administrativos.** Tendo o tribunal anulado a decisão, a sentença é constitutiva, isto é, produz ou autoriza uma alteração na ordem jurídica existente, criando, modificando ou extinguindo uma relação jurídica ou situação ou "status" (10º, nº 2, al. c) CPC).
  - ✓ A sentença anulatória produz os seguintes **principais efeitos** (cf. 173º CPTA):
    - **Efeito constitutivo (efeito direto da sentença),** que se traduz na invalidação do ato impugnado, eliminando-o desde o momento em que se verificou a ilegalidade – eficácia *ex tunc* da sentença (salvo ilegalidades supervenientes).
    - **Efeito reconstitutivo,** que se traduz no dever de a Administração reconstituir a situação que existiria se o ato anu-

lado não tivesse sido praticado (princípio da reconstituição da situação hipotética atual).

- **Efeito conformativo,** que se traduz no dever de a Administração respeitar o julgado, conformando-se com o conteúdo da sentença e com os limites impostos por esta. Nesse sentido, a Administração não só deve anular, reformar ou substituir os atos jurídicos consequentes e alterar situações de facto constituídas durante a pendência do processo e cuja manutenção seja incompatível com a execução da sentença de anulação, como tem o dever de, ao praticar novos atos, não reincidir nas ilegalidades anteriormente cometidas.

✓ Cumpre salientar que as **decisões proferidas pelos tribunais administrativos gozam de obrigatoriedade,** isto é, o seu cumprimento é obrigatório para todas as entidades públicas e privadas e prevalecem sobre as de quaisquer autoridades administrativas (205.º, n.º 2 CRP + 158.º, n.º 1 CPTA).

✓ Há, assim, um dever de **cumprimento espontâneo** por parte da Administração, dentro de um determinado prazo que, tratando-se de sentença de anulação de atos, é de 90 dias (162.º, n.º 1 + 175.º, n.º 1 CPTA), sendo que **o efeito reconstitutivo da sentença implicaria que a Administração procedesse *à repetição do procedimento*.**

– Sobre a possibilidade de exercício da ação executiva, caso a Administração não tenha dado execução espontânea à sentença:

- Berta poderia, **no prazo de um ano,** lançar mão de uma ação executiva (176.º, n.º 1 + 164.º, n.º 2 + 170.º, n.º 2 CPTA), sendo que, findo tal prazo, a sentença continua a dever ser cumprida, mas já não será possível exigir judicialmente a sua execução específica, restando-lhe apenas propor ação de responsabilidade civil pela inexecução ilícita (159.º, n.º 1, al. a CPTA).
- Sendo certo que o CPTA não regula expressamente a legitimidade, é seguro afirmar que **terá legitimidade ativa, por-**

quanto obteve ganho de causa no processo declarativo, devendo demandar a entidade responsável pelo ato anulado, que é quem tem legitimidade passiva, bem como os contrainteressados (cf. 177º, nº 1 CPTA).

- No que respeita ao Tribunal competente, será o tribunal que, em primeiro grau de jurisdição, julgou a causa (164º, nº 1 + 176º, nº 1 CPTA).

– **Sobre a possibilidade de configuração de uma causa legítima de inexecução:**

- Nos termos do artigo 163º, nº 1 CPTA, **só constitui causa legítima de inexecução: (i) a impossibilidade absoluta e (ii) o excecional prejuízo para o interesse público,** sendo certo que essas causas não podem ser invocadas pela Administração quando se trate do pagamento de quantia certa, o que não se colocaria no caso presente.
- Ora, não pode no caso em apreço deixar de se considerar duas variáveis importantes: o facto de o procedimento concursal ter em vista a contratação de um investigador pelo período de 24 meses (2 anos); e o facto de Berta só ter obtido a sentença anulatório 5 anos depois.

  Perante esta realidade, não é possível ignorar que poderemos estar perante uma causa legítima de inexecução da sentença, uma vez que defronte circunstâncias supervenientes que poderão consubstanciar uma impossibilidade absoluta na execução da sentença.
- No entanto, a causa legítima só releva se for invocada pela Administração em momento prévio à instauração do processo executivo (durante a fase de cumprimento espontâneo da sentença – 163º, nº 3) ou durante o processo de execução através de dedução de oposição à execução (165º + 177º, nº 3 CPTA).

  Verificando-se a causa legítima de inexecução, **B. teria direito a uma indemnização (164º, nº 6 CPTA)**, não confundível com a indemnização fundada em responsabilidade civil da administração.

ÍNDICE